"Puedo asegurar que est
dad, acerca de una variedad de temas, se convertirá en el primero que
recomiende sobre el tema de hombres y mujeres en la iglesia. Aunque
no coincida con cada conclusión, todas las posiciones están repre-
sentadas justamente. Aprovecha este libro para uso personal y para
tu iglesia. Léelo y adquiere más ejemplares para obsequiar a otros".

Mark Dever, pastor de Capitol Hill Baptist Church,
director de 9marks.org

"Kevin DeYoung se propuso escribir un libro acerca de la complementariedad entre hombres y mujeres diseñada por Dios. Con integridad
exegética y evitando tecnicismos ha escrito un libro más denso que un
folleto y más ligero que un tope para sostener la puerta. Ha logrado
eso y mucho más. *Hombres y mujeres en la iglesia* es una obra de
fácil lectura y asequible que, a pesar de su brevedad, abarca todos
los pasajes principales y preguntas más comunes. Constituye una
excelente introducción a la enseñanza bíblica acerca de los hombres
y las mujeres, y de cómo vivir fielmente en nuestros días".

Claire Smith, experta en Nuevo Testamento, autora de
*God's Good Design: What the Bible Really Says about
Men and Women*

"Este es el primer libro que recomiendo a quienes desean estudiar lo
que enseñan las Escrituras acerca de los roles de hombres y mujeres
tanto en el matrimonio como en la iglesia. Aunque en nuestras vidas
atareadas es difícil sacar tiempo para la lectura, este libro nos ofrece
un estudio conciso que puede leerse en una tarde. No dejes que su
tamaño te confunda. El libro es el clásico DeYoung y abunda en
exégesis sólida y teología fiel. Me asombró cuánta sabiduría logró
comprimir en este breve volumen. Aunque todo su contenido es
útil, solo por la sección sobre la aplicación práctica vale la pena
adquirirlo".

Thomas R. Schreiner, profesor James Buchanan Harrison
de Interpretación del Nuevo Testamento, The Southern
Baptist Theological Seminary

"Kevin DeYoung aborda directamente los pasajes más relevantes de las Escrituras acerca de hombres y mujeres en la iglesia, siempre con la disposición a ayudarnos a ver y comprender no solo lo que Dios dice en el texto, sino también *por qué* lo que Él dice es para nuestro bien. No elude las preguntas difíciles y tampoco se disculpa ni se avergüenza porque Dios haya hecho las cosas como las hizo. Este libro te invita a reconocer que lo que Dios ha dicho y hecho, al crear hombres y mujeres con propósitos particulares, no solo es real sino bueno".

Abigail Dodds, autora de *(A)Typical Woman and Bread of Life*

"Este libro no decepciona. Actualiza la conversación sobre el tema y aborda de manera directa y bíblica una serie de desafíos presentes a lo que enseña la Biblia acerca de hombres y mujeres en la iglesia y en el hogar. La exposición clara y bíblica, así como el estilo afable de Kevin DeYoung, hacen de este libro un deleite. Recomiendo su lectura de todo corazón".

Denny Burk, profesor de Estudios Bíblicos, Boyce College; autor de *What Is the Meaning of Sex?*

HOMBRES Y MUJERES

EN LA

IGLESIA

Libros de Kevin DeYoung publicados por Portavoz

*Confía en su Palabra: Por qué la Biblia es necesaria y
suficiente y lo que eso significa para ti y para mí*

*Hombres y mujeres en la iglesia:
Una introducción bíblica y práctica*

*Súper ocupados: Un libro (misericordiosamente)
pequeño sobre un problema (sumamente) grande*

HOMBRES Y MUJERES EN LA IGLESIA

Una introducción bíblica y práctica

KEVIN DEYOUNG

EDITORIAL PORTAVOZ

Título del original: *Men and Women in the Church: A Short, Biblical, Practical Introduction,* © 2020 por Kevin DeYoung, y publicado por Crossway, un ministerio editorial de Good News Publishers, Wheaton, Illinois 60187, U.S.A. Traducido con permiso. Todos los derechos reservados.

Edición en castellano: *Hombres y mujeres en la iglesia* © 2021 por Editorial Portavoz, filial de Kregel Inc., Grand Rapids, Michigan 49505. Todos los derechos reservados. Publicado por acuerdo con Crossway.

Traducción: Nohra Bernal

EDITORIAL PORTAVOZ
2450 Oak Industrial Drive NE
Grand Rapids, Michigan 49505 USA
Visítenos en: www.portavoz.com

ISBN 978-0-8254-5973-3 (rústica)
ISBN 978-0-8254-6923-7 (Kindle)
ISBN 978-0-8254-7770-6 (epub)

1 2 3 4 5 edición / año 30 29 28 27 26 25 24 23 22 21

Impreso en los Estados Unidos de América
Printed in the United States of America

Para Trisha

En las buenas o en las malas,
contigo todo es mejor.

Contenido

Introducción

¿Y si...? ¿Cómo? ¿A dónde vamos?

Nos acostumbramos tanto a la manera en que funcionan las cosas que rara vez nos detenemos a pensar en que podrían haber sido completamente diferentes.

El káiser Wilhelm II fue rey de Prusia y el último emperador alemán. Reinó desde junio de 1888 hasta noviembre de 1918, y fue un gobernante ambicioso, voluble y agresivo, cuyas políticas en Europa causaron en parte la Primera Guerra Mundial.

En 1889, cuando Wilhem apenas llevaba un año en el trono, tuvo lugar un acontecimiento especial en la pista de carreras Charlottenburg en Berlín: el espectáculo de Buffalo Bill del *viejo oeste*. El espectáculo, que venía de los Estados Unidos, hacía su gira por toda Europa. En cierto momento del espectáculo, Annie Oakley anunció que iba a disparar a las cenizas ardientes de un cigarro con su Colt .45. Luego, como era su costumbre, preguntó si alguien del público quería ofrecerse como voluntario para mantener el cigarro en la boca. La pregunta era una broma nada más. La idea era que la gente se riera y que, a falta de voluntarios, el esposo de Annie fuera el designado para colocar el cigarro en su boca como lo hacía en cada espectáculo.

Sin embargo, aquella vez en la pista de carreras de Berlín, después que Annie hizo el anuncio en broma, un hombre notable desde la tribuna real se dirigió a la plataforma y se ofreció como voluntario para sostener el cigarro. Era el káiser Wilhem. Algunos policías alemanes intentaron detenerlo, pero él los apartó. Con una mezcla de arrogancia, valor y estupidez, Wilhem insistió en colocar el cigarro en su boca. Incapaz de dar marcha atrás, Annie Oakley retrocedió la distancia acostumbrada y se alistó para disparar.

¿Qué sucedió? Según el informe de un historiador: "Sudando profusamente bajo su traje de piel, y lamentando haber bebido más whiskey la noche anterior de lo que solía beber, Annie levantó su Colt, apuntó y disparó. Las cenizas del cigarro que sostenía Wilhem salieron volando".[1] El mismo historiador pasa a formular la pregunta de cómo habría cambiado el mundo si ella hubiera errado el blanco y, en vez de disparar a las cenizas, hubiera alcanzado la cabeza del káiser. Quizás se habría evitado una guerra mundial.

Años más tarde, después del inicio de la Primera Guerra Mundial, Annie Oakley le escribió a Wilhem preguntándole si podía volver a disparar. Él nunca respondió.

Cómo son las cosas (y cómo fueron diseñadas)

La historia anterior fue sacada de ¿Y si…? Es un libro con un título acertado lleno de datos históricos contrafactuales. En lugar de analizar lo que tuvo lugar y por qué, en la historia contrafactual los estudiosos imaginan lo que pudo haber sido. ¿Y si Alejandro Magno hubiera vivido hasta la vejez? ¿Y si la armada española hubiera derrotado a los ingleses? ¿Y si la niebla no hubiera aparecido para permitir al ejército de George Washington escapar de Brooklyn después de la grave derrota en la batalla de Long Island? ¿Y si los soviéticos hubieran invadido a Japón al término de la

---

1. David Clay Large, "Thanks. But No Cigar", en *What If? The World's Foremost Military Historians Imagine What Might Have Been*, ed. Robert Cowley (Nueva York: Berkley, 2000), 290-291.

Segunda Guerra Mundial? Nos acostumbramos tanto a cómo son las cosas que rara vez contemplamos posibilidades sustancialmente diferentes a los hechos conocidos.

Lo que es cierto acerca de la historia es cierto acerca de la vida en términos más amplios. ¿Existe algún aspecto de la vida humana que haya afectado más a todos los demás aspectos aparte de lo masculino y lo femenino? Aunque mi vida no puede reducirse al hecho de ser hombre, todo acerca de mi vida está marcado por el hecho de que soy hombre y no mujer. La vida entera de mi esposa está marcada por el hecho de ser mujer y no hombre. La vida de cada uno de mis nueve hijos (sí, queríamos formar nuestro propio equipo de béisbol) está determinada de manera innegable y sustancial por el hecho de ser niños o niñas. Con todo, ¿cuántas veces nos detenemos a pensar que no *tenía* que ser así? Dios no tenía que hacer dos tipos de seres humanos. No tenía que hacernos de tal modo que hombres y mujeres, en promedio, vinieran en diferentes formas y tamaños, tuvieran pelo en diferentes partes y con frecuencia pensaran y sintieran emociones de maneras diferentes. Dios podría haber propagado la raza humana de algún otro modo aparte del par diferenciado de hombre y mujer. Podría haber hecho a Adán autosuficiente, sin necesidad de Eva. O podría haber hecho a Eva sin Adán. Sin embargo, Dios decidió hacer no un solo hombre ni una sola mujer, tampoco un grupo de hombres ni un grupo de mujeres, sino que hizo un hombre *y* una mujer. El factor de la existencia humana que marca tanto la vida o más que cualquier otro, que es nuestro sexo biológico, fue una elección divina.

Por supuesto, al final, el mundo tenía que ser creado como lo fue, en conformidad con la voluntad inmutable de Dios y como una expresión necesaria de su carácter. No quiero decir que Dios haya hecho a Adán y a Eva de manera fortuita. De hecho, quiero traer a nuestra memoria precisamente lo contrario. Todo este asunto maravilloso, hermoso y complicado de una humanidad con dos sexos fue idea de Dios. "Y creó Dios al hombre a su imagen, a imagen de Dios lo creó; varón y hembra los creó" (Génesis 1:27). La raza humana entera está, siempre ha estado y siempre estará compuesta por dos sexos diferenciados y complementarios. Este orden bifurcado perpetuo de la humanidad no es accidental ni caprichoso, sino el buen diseño de Dios.

¿Y por qué? ¿Qué determina esta realidad de habernos creado Dios como hombre y mujer? Nada más y nada menos que el evangelio. Pablo dice que el misterio del matrimonio es profundo y se refiere a Cristo y a la iglesia (Efesios 5:32). En el contexto del Nuevo Testamento, "misterio" significa algo oculto que luego se revela. La Biblia dice que Dios creó a hombres y mujeres, dos sexos diferentes, con el propósito de pintar un cuadro vivo de la unión diferenciada y complementaria de Cristo y la iglesia.

> La raza humana entera está, siempre ha estado y siempre estará compuesta por dos sexos diferenciados y complementarios.

Aunque Efesios 5 trata acerca del matrimonio, no podemos explicar la lógica subyacente a menos que consideremos las intenciones de Dios al crear el matrimonio como una unión entre un par diferenciado y complementario que revela el evangelio. Cualquier iniciativa para abolir toda distinción entre hombres y mujeres es una iniciativa (ya sea intencional o no) para derribar los cimientos de la redención misma.

Los hombres y las mujeres no son intercambiables. El hombre y la mujer se complementan, especialmente en el matrimonio pero también en el resto de la vida, y esto significa que están hechos para funcionar conforme a un ajuste divino. Esto armoniza con el orden de todo el cosmos. Piensa en la naturaleza complementaria de la creación misma. "En el principio creó Dios los cielos y la tierra" (Génesis 1:1). Este no es el único par en la creación. Encontramos otros tipos de pares, como el sol y la luna, la mañana y la tarde, el día y la noche, el mar y la tierra seca, las plantas y los animales, antes de llegar a la pareja por excelencia, un hombre y una mujer.

En todo par, cada integrante pertenece al otro, pero ninguno es intercambiable. Tiene todo el sentido que la unión del cielo y de la tierra en Apocalipsis 21–22 esté precedida de la cena de las bodas del Cordero en Apocalipsis 19. El hecho de que Dios nos haya creado hombre y mujer reviste una importancia cósmica e imperecedera. De principio a fin, la historia bíblica y el diseño de la creación misma dependen de la distinción entre hombre y mujer como seres diferentes y, a la vez, idóneos para el otro.[2]

Un libro sencillo, un objetivo sencillo

¿De qué trata, pues, este libro? En términos sencillos, es un libro acerca de la complementariedad que por diseño divino existe entre hombres y mujeres y cómo influye en la vida en general y específicamente en el ministerio en la iglesia.[3]

Tal vez te preguntes: "¿Para qué necesitamos otro libro acerca del tema?". Es cierto que se ha escrito mucho acerca de este tema en la última generación; algunos escritos quedan en el olvido y otros son excelentes.[4] Vale la pena que los leas. Yo no considero

---

2. Este párrafo es un resumen y cita frases de mi libro *What Does the Bible Really Teach about Homosexuality?* (Wheaton, IL: Crossway, 2015), 32. Publicado en español por Poiema Publicaciones con el título *¿Qué enseña la Biblia realmente acerca de la homosexualidad?*

3. Este libro es, en parte, una revisión de un libro que publiqué de manera independiente y que se titula *Freedom and Boundaries: A Pastoral Primer on the Role of Women in the Church* (Enumclaw, WA: Pleasant Word, 2006). Después que la casa publicadora independiente cerró y el libro salió de circulación (¡se puede comprar por $99 a coleccionistas en Amazon!), Crossway preguntó si me interesaba hacer una nueva edición del libro. Como podrás imaginar, muchas de las polémicas han cambiado en los últimos quince años. Mi contexto también cambió, al pasar de la iglesia reformada en los Estados Unidos (que ordena mujeres) a la iglesia presbiteriana (que no lo permite). Por fortuna, mis conclusiones exegéticas son casi idénticas. El resultado final es que buena parte de la exégesis se ha extrapolado del libro anterior, aunque todo ha sido revisado y más de la mitad del material es nuevo.

4. Andreas J. Köstenberger y Margaret E. Köstenberger, *God's Design for Man and Woman: A Biblical-Theological Survey* (Wheaton, IL: Crossway, 2014); Sharon James, *God's Design for Women in an Age of Gender Confusion*, ed. rev.

que mis escritos sean mejores. Lo que sí puedo decir es que son más breves que el resto. Necesitamos libros que presenten un estudio completo de los pasajes bíblicos acerca de hombres y mujeres. Necesitamos libros que aborden el tema de la masculinidad y la femineidad desde una perspectiva histórica, científica y filosófica. Necesitamos libros que enfrenten abiertamente los desafíos de la confusión acerca del género, la masculinidad tóxica y el feminismo secular. Hay mucho que puede decirse acerca de sexo y género, y mucho que hace falta decir.

Con esto quiero advertir justamente que no pretendo decirlo todo, ni siquiera una fracción de un gran parte del tema.

> Cualquier iniciativa para abolir toda distinción entre hombres y mujeres es una iniciativa... para derribar los cimientos de la redención misma.

Tengo un público muy específico en mente para este libro: mi congregación y otras similares. Nuestra iglesia tiene un rincón de libros en el vestíbulo principal. Con frecuencia he deseado encontrar allí un libro que explique la enseñanza bíblica acerca de los hombres y las mujeres en la iglesia de una manera comprensible para los miembros interesados y de una extensión que facilite leerlo en pocas horas. He deseado que exista un libro que presente el argumento sin ser polémico, un libro que yo pueda pasar a otros pastores que experimenten luchas con el tema, y un libro que los pastores puedan dar a sus ancianos, diáconos y administradores con la idea de que lo lean realmente, un libro que exhiba integridad exegética al tiempo que minimice el tecnicismo, un libro más denso que un folleto y

---

(Durham, UK: Evangelical Press, 2019); Claire Smith, *God's Good Design: What the Bible Really Says about Men and Women*, 2a ed. (Kingsford, Australia: Matthias Media, 2019). Véase también *Recovering Biblical Manhood and Womanhood*, ed. John Piper y Wayne Grudem (Wheaton, IL: Crossway, 2006). Si bien esta importante obra, publicada por primera vez en 1991, está desactualizada en algunos pasajes, las primeras dos secciones en particular ("Vision and Overview" y "Exegetical and Theological Studies") todavía merecen una lectura cuidadosa.

más ligero que un tope para sostener la puerta. Ya decidirás si te parece que lo he logrado. En cuanto a mí, ese fue el libro que me propuse escribir.

Una nota personal y el plan del libro

En lo que a mi corazón concierne, este libro no tiene un interés personal. O, si me permites añadir una de mis metáforas, espero ofrecerte carne y patatas, no salsa picante. Si buscas un recorrido introductorio de los pasajes bíblicos obligados acerca de hombres y mujeres en la iglesia, con un enfoque hacia el esclarecimiento y la aplicación, es posible que este sea el libro para ti.

Dicho esto, quiero hablar directamente a dos tipos de persona. En primer lugar, quiero que los solteros sepan que este no es un libro acerca del matrimonio. Es cierto que el capítulo sobre Efesios 5 trata acerca del matrimonio y que muchos patrones de la diferencia sexual establecida por Dios encuentran su expresión más clara en el matrimonio. Sin embargo, sería muy desafortunado que se llegara a la conclusión de que no es posible ser *realmente* varonil o femenina a menos que se esté casado. Por la misma razón, espero que nadie concluya que la Biblia no tiene *realmente* mucho que decir a un soltero acerca de ser hombre o ser mujer. Como veremos, el hecho de que Dios haya creado al hombre como una pluralidad, varón y hembra, un par complementario, no solo debe determinar nuestro concepto del matrimonio sino también de nosotros mismos.

En segundo lugar, quiero decir algo a los hombres y a las mujeres (sin duda, mujeres principalmente) que han sufrido heridas en contextos donde se afirman las verdades que voy a delinear en este libro. Con frecuencia, los obstáculos más grandes para creer y descansar en la verdad bíblica no son objeciones de la mente, sino objeciones del corazón y de los ojos. Una cosa es estar convencido de que la exégesis acerca de la complementariedad es correcta, y otra estar seguro de que es buena. Como toda enseñanza bíblica, las verdades acerca de hombres y mujeres pueden ser mal aplicadas, tergiversadas o usadas como excusa para maltratar a otros. Este peligro es particularmente lamentable cuando las verdades en cuestión afirman al hombre como líder y cabeza, y a la mujer como ayuda y apoyo. El modelo bíblico de liderazgo masculino *nunca* es una excusa para ignorar y menospreciar a las mujeres, ni para subestimar sus aportes ni maltratarlas. La complementariedad bíblica en su forma más verdadera es un llamado a los hombres a proteger y honrar a las mujeres, a hablarles con bondad y consideración, y a buscar por todos los medios aprender de ellas e incluirlas en la vida y el ministerio, tanto en el hogar como en la iglesia.

Para mí es importante reconocer que en mi vida he visto principalmente muchos ejemplos de dinámicas saludables entre géneros. Mis padres se amaron mutuamente. Mis iglesias han estado llenas de mujeres piadosas, inteligentes y exitosas que han complementado de manera espléndida a otros. La mayoría de mis amigos tienen excelentes matrimonios. Por lo que sé de la realidad del maltrato o lo que he visto de pecado y disfunción matrimonial en mis casi veinte años de ministerio pastoral, es indudable que en lo profundo de mi psiquis todavía *siento* que la mayoría de esposos funcionan bastante bien y la mayoría de hombres se complementan bien con sus esposas y en principio son aptos para funcionar de manera adecuada. Al respecto, no tengo muchas historias de hombres estúpidos. Pero no niego que existan, hombres en nuestros círculos diciendo y haciendo cosas vergonzosas, ofensivas o abiertamente pecaminosas contra las mujeres en la iglesia. El hecho de que yo no los vea no los hace menos reales, y el hecho de que otros los hayan visto tampoco los convierte en la norma. El punto que quiero señalar es que todos debemos ser conscientes de que nuestra tendencia es dar por hecho que nuestras experiencias son la norma y que las experiencias de otros, diferentes a las nuestras, son la excepción. Esto debe animarnos a ser prontos para la empatía y lentos para la acusación.

Así pues, ¿cuál *es* el problema más apremiante de la iglesia hoy en lo que atañe a hombres y mujeres? No existe una respuesta científica a esta pregunta. Puede parecerte obvio que la confusión de género es el mayor problema o el maltrato o el feminismo desbocado o la complementariedad mal encaminada o la dignidad de las mujeres o la guerra contra los niños varones. Sería necio de mi parte afirmar que tú no ves lo que crees que ves. Tal vez toda tu vida hayas visto a tu alrededor hombres incompetentes. Nuestra impresión de lo que creemos que todos saben y de lo que pensamos que es necesario advertirles puede ser, a todas luces, diferente.

> La complementariedad bíblica... es un llamado a los hombres a proteger y honrar a las mujeres... y a buscar por todos los medios aprender de ellas e incluirlas en la vida y el ministerio, tanto en el hogar como en la iglesia.

No me malinterpretes. No estoy sugiriendo un relativismo intelectual que dicte que "todos tenemos igualmente razón (o estamos equivocados)". Lo que sugiero es que debemos ser sinceros, primero con nosotros mismos, acerca de lo que a nuestro parecer son los peligros más graves y, segundo, por qué los percibimos de esa manera. Al reconocer nuestras propias inclinaciones puede que impongamos menos nuestro parecer a otros que ven, en todo su derecho, otros peligros.

La defensa en cuestión

No escribo este libro debatiéndome entre dos opiniones. Estoy convencido de la complementariedad de los sexos. Conozco personas que están cansadas de esa palabra, *complementariedad*, y te darás cuenta de que uso también las palabras *tradicional* o *histórico*. Sin embargo, hay algo importante acerca de la palabra *complementariedad* en todas sus formas. Como hemos visto, es difícil contar la historia de la Biblia sin una palabra que comunique el sentido de "diferente pero idóneo". *Complementario*, a pesar de que me aburre cada vez que tengo que escribir una palabra tan larga, es una buena palabra que logra ese objetivo. No escribo porque piense que todo el mundo debería usar esa palabra. No obstante, como tenemos que empezar en algún punto de partida, conviene que te cuente de dónde vengo y hacia dónde se dirige este libro.

Como un convencido de la complementariedad, creo que el diseño de Dios es que los hombres lideren, sirvan y protejan, y que, en la iglesia, las mujeres puedan florecer bajo este liderazgo, donde ellas también trabajen con fidelidad y lealtad bíblica conforme a la sabiduría y la belleza del orden divino para la creación. Sobra decir que espero presentar una defensa convincente de la posición complementaria. Los escritores no escriben a menos que quieran persuadir a otros.

Sin embargo, aparte de convencer, espero también que mi defensa sea puesta en consideración. El siervo del Señor "no debe ser contencioso, sino amable para con todos, apto para enseñar, sufrido; que con mansedumbre corrija a los que se oponen" (2 Timoteo 2:24-25). Mi objetivo es tratar a otros, ya sea en persona o mediante mis escritos, como yo quiero que me traten, de manera justa, sincera y respetuosa. Incluso, cuando escribo, veo los rostros de amigos, parientes y colaboradores a quienes amo y con quienes no estoy de acuerdo en este tema, a veces por cuestiones de principios, pero con mayor frecuencia por la práctica. Puede que esté en desacuerdo con su posición e incluso piense que se equivocan en puntos interpretativos importantes, pero no busco desacreditarlos ni menospreciar su sinceridad de seguir a Cristo.

Mi mayor deseo es poner en manos de las iglesias, líderes y cristianos curiosos una obra que sea inteligente y de fácil lectura. Con la esperanza de ser de ayuda para las congregaciones, presento un recorrido por los pasajes bíblicos pertinentes e incluyo varios capítulos de exégesis más o menos detallada, con una pizca de palabras hebreas y griegas (transliteradas). Con el objetivo de facilitar la lectura, he intentado ser conciso, breve e instruido en los debates actuales sin inundar el texto de notas al pie de página salvo cuando es preciso citar fuentes. Nuestro mapa de ruta es muy sencillo. Empezaremos con la exploración bíblica en la Parte 1 y luego pasaremos a preguntas y aplicaciones prácticas en la Parte 2. A lo largo del recorrido espero que llegues a la convicción, como yo, de que Dios hizo a los hombres y a las mujeres no solo para adorar, servir y obedecerle, sino para adorar, servir y obedecerle *como* hombres y mujeres.

PARTE 1

EXPLORACIÓN
BÍBLICA

1

Un gran comienzo

Génesis 1–3

HE OÍDO DECIR QUE "toda buena teología empieza en Génesis". Esta afirmación no está lejos de la verdad. En Génesis vemos cómo Dios empezó todo. Encontramos el principio de la historia. En los dos primeros capítulos de Génesis, Dios nos ofrece un cuadro asombroso del paraíso, un retrato de la buena vida: tal como eran las cosas, como deberían ser y como volverán a ser.

En Edén, todo era bueno. El mundo natural era bueno, con su impresionante belleza y cooperación pacífica. La creación del hombre, a partir del polvo de la tierra para ser la corona de la creación, era buena. El trabajo era bueno. No había tractores descompuestos, virus informáticos, coronavirus, espinos y cardos, fechas de entrega estresantes, jefes desagradables, empleados incompetentes, ni juegos de poder; era un sencillo día de trabajo verdadero, bajo el rostro sonriente de Dios. Y el huerto, como una especie de templo en el que moraba la presencia de Dios, era bueno.

Sin embargo, incluso antes de la caída y aun en aquel paraíso, había una cosa que, de haber quedado así, no habría sido buena:

dejar al hombre solo. Eso es lo que nos dice Génesis 2 en la ampliación del tema de Génesis 1:27, el sexto día antes del pronunciamiento de Génesis 1:31 al final de la jornada.

No sabemos si Adán se sentía solo o aislado. El texto nunca sugiere un problema en términos psicológicos. Como veremos, el problema con la soledad de Adán era otro. Sin embargo, era un problema. La Biblia no dice que el hombre se quejara a Dios por estar solo. Antes bien, fue Dios mismo quien declaró que la situación de Adán no era buena (Génesis 2:18). Todas las demás cosas creadas tenían su complemento. El día tenía su sol; la noche, su luna; las aguas, sus peces; el cielo, sus aves; y el suelo, sus animales; pero el hombre no tenía su compañera. "Entonces Jehová Dios hizo caer sueño profundo sobre Adán, y mientras este dormía, tomó una de sus costillas, y cerró la carne en su lugar. Y de la costilla que Jehová Dios tomó del hombre, hizo una mujer, y la trajo al hombre" (Génesis 2:21-22). Esto fue muy bueno.

Hombre y mujer desde el principio

La Biblia nos presenta solo dos capítulos de la creación del mundo antes de la caída. Si somos francos, la mayoría de nosotros desearía tener más información. ¿Dónde queda exactamente el huerto de Edén? ¿Cómo se veía? ¿A qué olía? ¿Eran los días normales con veinticuatro horas? ¿Qué edad aparentaba Adán? ¿Qué tan grandes eran los árboles? ¿Había moscas? A pesar de que nos gustaría saber muchos más detalles con claridad, vale la pena notar que Dios *sí* nos cuenta algunos. Nos habla acerca del hombre y la mujer, nos dice cómo eran iguales y diferentes a la vez, y cómo fueron hechos el uno para el otro.

Para que podamos pensar, sentir y aceptar correctamente lo que significa ser hombre y ser mujer, es preciso que reconozcamos que Dios no impone normas arbitrarias a hombres y mujeres. Sean cuales sean las "normas" que existen para hombres y mujeres en la iglesia, nunca se trata de meras normas, sino que son el reflejo del tipo de seres portadores de la imagen de Dios que Él creó desde el principio, con atributos diferenciados y complementarios. Cuando entendemos los primeros capítulos de Génesis y cómo Dios ha incorporado la diferenciación sexual y la unión sexual (en el matrimonio) al orden natural del mundo creado, todo lo demás que vemos en la Biblia acerca de ser hombre o ser mujer cobra mayor sentido. Toda buena teología empieza en Génesis, pero no se queda ahí.

El principio de todo

¿Y cuánto hablan, realmente, los primeros capítulos de Génesis acerca de la masculinidad y la femineidad? Me limitaré a quince observaciones.

1. Tanto el hombre como la mujer fueron creados a imagen de Dios.

"Y creó Dios al hombre a su imagen, a imagen de Dios lo creó; varón y hembra los creó" (Génesis 1:27). Los hombres y las mujeres, a diferencia de todo lo demás en la creación, son portadores de la imagen de Dios. Somos como estatuas o símbolos puestos en la creación para dar testimonio al mundo de que Dios domina sobre este lugar. Como portadores de su imagen, por no decir coherederos de la gracia de la vida (1 Pedro 3:7), hombres y mujeres poseen igual valor y dignidad. Eva no era una criatura inferior. No era un ser inferior. Aunque Dios se ha revelado en términos masculinos (p. ej., padre, rey, esposo), Él no es hombre ni mujer. Para ser fieles a la revelación de Dios debemos hablar de Dios solo en los términos masculinos que Él nos ha dado, pero llamar a Dios "Padre" no equivale a decir que Dios sea un hombre (aunque se hizo hombre en la encarnación). Por consiguiente, la masculinidad no es un orden superior de ser que esté por encima de la femineidad.

> Los hombres y las mujeres, a diferencia de todo lo demás en la creación, son portadores de la imagen de Dios.

Tanto hombres como mujeres fueron hechos para representar a Dios en el mundo.

2. El hombre posee a la vez singularidad y pluralidad.[1]

Aunque se puede llamar a la humanidad en sentido singular como *adam* ("hombre", no "mujer"), la humanidad es a la vez masculina y femenina. Hay un "él" y un "ellos" (Génesis 1:27). La manera en que el relato de la creación expresa la diferencia sexual es tan obvia que podemos pasar por alto su importancia. Dios no menciona la diferencia de estatura o color de cabello, de temperamento o de dotes. La única marca de identidad que se subraya en el principio es el aspecto masculino y femenino.

3. El hombre y la mujer recibieron conjuntamente el cometido de gobernar sobre la creación.

Juntos debían llenar la tierra y subyugarla. Dios *los* bendijo y Dios *les* mandó señorear sobre toda cosa viviente (Génesis 1:28).

4. En este dominio conjunto, el hombre y la mujer recibieron tareas diferentes y fueron creados en diferentes esferas.

"Tomó, pues, Jehová Dios al hombre, y lo puso en el huerto de Edén, para que lo labrara y lo guardase" (Génesis 2:15). Adán fue creado fuera del huerto y recibió el encargo de cultivar y protegerlo, una protección bajo la cual se había dispuesto que floreciera la mujer. Eva fue creada dentro del huerto, lo cual sugiere "una relación especial con el mundo interior del huerto".[2] El mandato de la creación acerca de llenar la tierra y sojuzgarla se aplica a ambos sexos, aunque de manera asimétrica. El hombre, dotado de una fuerza física mayor, está equipado especialmente para cultivar la

---

1. Este lenguaje viene de Alistair Roberts, "Man and Woman in Creation (Genesis 1 and 2)", en *Is Complementarianism in Trouble?: A Moment of Reckoning, 9Marks Journal* (diciembre, 2019): 35.
2. Ibíd., 37.

tierra y el huerto, mientras que la mujer, dotada de la capacidad de nutrir una nueva vida, está equipada especialmente para llenar la tierra y atender los aspectos comunales del huerto.

5. Al hombre le fue asignada la tarea sacerdotal de preservar la santidad del huerto.

Dios le ordenó únicamente al hombre: "De todo árbol del huerto podrás comer; mas del árbol de la ciencia del bien y del mal no comerás" (Génesis 2:16-17). En su cultivo y protección del huerto (2:15), el hombre era responsable de establecer el mandamiento de Dios sobre la tierra y de preservar los límites morales divinos. Su obediencia a esta tarea significaría bendición, mientras que la desobediencia redundaría en muerte.

6. El hombre fue creado antes que la mujer.

Pablo basó su conocida prohibición contra la enseñanza de las mujeres en la iglesia en este orden: "no permito a la mujer enseñar, ni ejercer dominio sobre el hombre, sino estar en silencio. Porque Adán fue formado primero, después Eva" (1 Timoteo 2:12-13). El punto no es que "lo primero es mejor", como si Dios estuviera eligiendo su equipo de béisbol. A fin de cuentas, Dios hizo arrendajos azules, castores y salamandras antes de crear al hombre. El orden importa porque indica la posición de Adán en la narrativa de la creación como sacerdote y protector, y la de Eva, como quien está bajo la protección del hombre, hecha de su costado y con la misión de apoyarlo.

7. La mujer fue dada como ayuda para el hombre.

Eva fue creada *del* hombre (Génesis 2:22), igual en valor; y también fue creada *para* el hombre (2:20), diferente en función. El liderazgo masculino, que el texto da a entender en Génesis 1:27 cuando llama al hombre y a la mujer "hombre", queda claramente expuesto en el capítulo 2 cuando Eva es presentada a Adán como su "ayuda"

(2:18, 20). Ser una ayuda no tiene connotaciones de valía ni estatus inferiores, porque Dios mismo se llama a veces el ayudador de Israel (Éxodo 18:4; Salmo 33:20, 146:5). *Ézer* (ayudador) es un término funcional, no denigrante. Así como Dios se presenta en ocasiones para ayudar a su pueblo, el papel de la mujer en la relación con su esposo es de ayuda. "Porque el varón no procede de la mujer, sino la mujer del varón" (1 Corintios 11:8).

Por lo general, nos inclinamos a dar un tinte psicológico a la soledad de Adán y a interpretar la idea de "ayuda" en el sentido de consuelo y compañía. Ese es un aspecto posible del término. Calvino dijo que Eva fue el regalo de Dios a Adán "para ayudarlo a vivir bien". Sin embargo, "ayuda" no puede separarse de los aspectos más amplios del mandato de la creación. No era bueno que el hombre estuviera solo porque, por sí solo, no habría podido "fructificar y multiplicarse y llenar la tierra" (Génesis 1:28). En esto vemos una vez más la complementariedad dispuesta entre hombre y mujer. Otro hombre habría podido ayudar a Adán a cultivar la tierra. Otro hombre habría podido ofrecerle compañía y camaradería a Adán. Dios habría podido dar a Adán un arado o un grupo de bueyes, o una fraternidad de amigos hombres, todo lo cual habría sido útil, incluso agradable. Pero ninguno habría sido una ayuda idónea para la tarea crucial de engendrar y criar hijos. Si la humanidad ha de ejercer dominio sobre la tierra, debe haber un hombre que labre el huerto y una mujer que sea su compañera.

8. Al hombre le fue asignada la responsabilidad de dar nombre a cada ser vivo.

Es revelador que solo a Adán le haya correspondido este ejercicio de señorío y que haya sido capaz de llevar a cabo su responsabilidad antes de la creación de Eva. Dos veces dio nombre Adán a la mujer (2:23; 3:20), lo cual evidencia su liderazgo. Al recibir sus nombres de Adán, el resto de las criaturas, entre ellas la mujer, se beneficiaron de la labor creativa y de la autoridad de Adán.

9. El hombre y la mujer fueron creados de formas diferentes.

Génesis 1 describe la creación del hombre y de la mujer como un acto genérico de la creación (1:27). Sin embargo, en la descripción específica de Génesis 2, vemos que Dios creó a cada uno a su manera. El Señor Dios formó al hombre del polvo de la tierra (2:7), mientras que creó a la mujer a partir de la costilla que sacó del hombre. No resulta sorprendente que al hombre se le asignara la tarea de cuidar la salud y la vitalidad de la tierra de la cual vino, mientras que a la mujer se le encargara ayudar al hombre del cual vino. La manera en que cada uno fue creado sugiere la obra especial que llevarán a cabo en el mundo en un sentido más amplio: el hombre en el establecimiento del mundo industrial exterior y la mujer en el cuidado del mundo interior de la familia que procedería de ella como compañera.

10. Las palabras "hombre" y "mujer" en hebreo sugieren interdependencia.

En Génesis 2:23, Adán explicó "esta será llamada Varona [*ishá*], porque del varón [*ish*] fue tomada". De manera providencial, algunos idiomas muestran la conexión que existe entre estas palabras en el hebreo. En otros, se pierde algo realmente significativo cuando se usan las palabras "hombre" y "mujer". Se pierde todo reconocimiento verbal del hecho de que la mujer vino del hombre y que el hombre quedó conectado de manera irreversible a la mujer. "Ni el varón es sin la mujer, ni la mujer sin el varón; porque así como la mujer procede del varón, también el varón nace de la mujer" (1 Corintios 11:11-12).

11. En el matrimonio, el hombre deja a su familia y se une a su mujer.

A la luz de todo lo que hemos visto hasta ahora, se esperaría que la esposa deje a su familia y se una a su marido. ¿Acaso no fue él creado primero? ¿Acaso no es él el guardián del huerto y el protector de todo lo que allí hay? ¿Acaso no ejerció él autoridad dándole nombre a la mujer? Es de suponer que la compañera dejaría a su familia para unirse a su marido. Sin embargo, el pasaje nos dice lo contrario (Génesis 2:24). Esto tiene sentido cuando nos damos cuenta de que la diferenciación sexual no se trata de un primer o segundo lugar, sino de un orden y diseño natural. El mundo interior del huerto que se extiende a partir de la familia toma forma a través de la ayuda y el cuidado de la mujer. La mujer propicia y les imparte un carácter único a la intimidad emocional y a la comunión. Como tal, en el sentido de las relaciones (no necesariamente en un sentido geográfico o legal) el orden familiar de ella tiene precedencia sobre el del hombre.

¿No te parece que vemos esta realidad incluso hoy día? Cuando una hija se casa, la familia gana un hijo en lugar de perder una hija. Cuando un hijo se casa, se pierde más a un hijo de lo que se gana a una hija. Por supuesto, esto no se cumple de forma generalizada. Aun cuando tanto el novio como la novia provienen de familias estables y amorosas, la hija casi siempre mantiene sus relaciones familiares mucho más vivas que el hijo. El relato de Génesis no manda a los hombres que renuncien a sus familias de origen; les revela algo importante acerca de la manera en que, por regla general, se forman y se conservan los vínculos en las relaciones por medio de las mujeres.

> Los hombres y las mujeres... están hechos el uno para el otro, no para quedar anulados en el otro, sino para que los dos se vuelvan uno.

12. Los dos vienen de una sola carne y se vuelven una sola carne.

Eva era hueso de los huesos y carne de la carne de Adán. Los hombres y las mujeres están hechos de lo mismo y están hechos el uno para el otro, no para quedar anulados en el otro, sino para que los dos se vuelvan uno. El matrimonio debe ser y solo puede ser entre un hombre y una mujer, porque el matrimonio no es solo la unión de dos personas, sino la unión de un par complementario. Como lo expresó Calvino: "Algo fue sacado de Adán, a fin de que él pudiera aceptar, con mayor benevolencia, una parte de sí mismo". Aunque Adán perdiera una costilla, obtuvo una recompensa mucho más valiosa, "ya que ganó una socia fiel para la vida; ahora se vio a sí mismo, habiendo sido antes imperfecto, completado en su esposa".[3]

13. Adán es considerado la cabeza y el representante de la pareja.
Adán recibe el mandato inicial acerca del árbol del conocimiento del bien y del mal (Génesis 2:16-17). Incluso cuando Eva, tentada por la serpiente, comete el primer crimen, es Adán a quien Dios habla primero (3:9). El Señor llamó al hombre y le preguntó: "¿Dónde estás tú?", porque Adán era quien había sido nombrado líder y representante. Romanos 5 deja esto indiscutiblemente claro: "Por tanto, como el pecado entró en el mundo *por un hombre*, y por el pecado la muerte, así la muerte pasó a todos los hombres, por cuanto todos pecaron" (5:12). En otras palabras, Adán, y no Eva, era la cabeza federal.

14. El hombre y la mujer experimentan la maldición en formas diferentes.
Cada uno la experimenta en su área fundamental de responsabilidad. En la caída, y posteriormente como resultado de esta, la complementariedad que Dios había diseñado entre los hombres y las mujeres fue alterada. Eva, que fue engañada para caer en pecado, lo hizo actuando de manera independiente del hombre, mientras que Adán abandonó sus responsabilidades como líder (Génesis 3:6). Se quedó sin hacer nada mientras Eva pecaba (3:1-5), la siguió en el acto pecaminoso (3:6) y luego culpó a Dios por haberle dado a Eva (3:12). El pecado de Adán no fue

---

3. John Calvin, *Commentaries on the Book of Genesis*, vol. 1 (Grand Rapids, MI: Baker, 1979), 133.

solo desobedecer el mandamiento de Dios (2:17), sino también descuidar su responsabilidad como cabeza de familia, jugando al cobarde y siguiendo la influencia de su esposa en vez de acatar la Palabra de Dios.

De modo que, al final, ambos son castigados por su desobediencia. Para el hombre, su único dominio, que es labrar la tierra, queda bajo maldición (3:17). De ahí en adelante tendría que combatir espinos y cardos (3:18), y viviría del sudor de su rostro (3:19). Para la mujer, su único dominio, tener hijos, sufrirá los efectos de la maldición (3:16a). De ahí en adelante, el milagro y el regalo del nacimiento físico será una experiencia dolorosa que produzca sufrimiento. Técnicamente, Dios solo maldice la serpiente y la tierra, no al hombre y a la mujer, pero toda la creación sufre las consecuencias de la caída. Los hombres y las mujeres quedan sujetos a la frustración es sus correspondientes esferas de responsabilidad.

15. La integridad de las relaciones entre el hombre y la mujer sufrió una ruptura por causa de la maldición.

Dios dijo a la mujer: "Tu deseo será para tu marido, y él se enseñoreará de ti" (3:16b). La palabra *deseo* no se refiere aquí a deseo romántico, como si Dios hubiera maldecido a la mujer haciendo que ella necesitara a un hombre. Antes bien, el deseo es un deseo de dominación. Es la misma palabra hebrea que se emplea en Génesis 4:7b: "El pecado está a la puerta; con todo esto, a ti será su deseo, y tú te enseñorearás de él". A partir del paralelo verbal evidente entre los dos versículos, queda claro que el significado de *deseo* en 3:16 es el mismo de la palabra *deseo* en 4:7:

3:16b. Tu deseo será para tu marido, y él se enseñoreará de ti [*ve'el–ishej teshukatej vejú yimshol–baj*].

4:7b. A ti será su deseo, y tú te enseñorearás de él [*ve'eleja teshukató ve'atáh timshol–bo*].

Del mismo modo que el pecado deseó enseñorearse de Caín, la mujer, afectada por el pecado, desea enseñorearse de su marido. Dios dice al hombre que, por haber oído la voz de su mujer, él recibirá lo que merece y ella tratará de dominarlo (3:17). Por su parte, el marido pecador busca enseñorearse de su mujer. La subordinación como tal de la mujer no es el juicio de Dios contra ella. Como señala Gordon Wenham, el hecho "de que la mujer sea hecha del hombre para ser su ayuda y que dos veces reciba el nombre que el hombre le asigna (2:23; 3:20) es una indicación de su autoridad sobre ella". En consecuencia, el dominio de Adán en el versículo 16 "representa una dura subyugación explotadora".[4] Cuando los esposos son dominantes o maltratan a sus esposas no reflejan el diseño de Dios, sino una perversión de este diseño. La relación matrimonial, que debía caracterizarse por el mutuo beneficio del liderazgo y la ayuda, se convierte en una pugna por la rebeldía y el dominio. Dios diseñó la diferencia sexual en *pro* de cada uno; el pecado se apropia de la diferencia sexual y la vuelve en *contra* del otro.

Resumen

Es imposible exagerar la importancia de los tres primeros capítulos de Génesis para comprender lo que significa ser hombre y mujer. A manera de aclaración, Génesis no da órdenes a hombres y mujeres. No hay muchos imperativos explícitos expuestos allí para la masculinidad y la femineidad. Antes bien, encontramos una serie de modelos y presupuestos divinos. Considéralos más bien capacidades creativas para hombres y mujeres, no férreas obligaciones. La vocación primordial del hombre es "dar nombre, domesticar, dividir, gobernar". La vocación primordial de la mujer incluye "completar, glorificar, generar, establecer comunión y

4. Gordon J. Wenham, *Genesis 1–15*, vol. 1, Word Biblical Commentary (Grand Rapids, MI: Zondervan, 1987), 81.

producir nueva vida".[5] Si bien es cierto que estos llamados encuentran su expresión única y poderosa en el matrimonio, las lecciones de Génesis 1–3 no se limitan a las parejas casadas. Los primeros capítulos de la Biblia establecen la forma de diferenciación sexual y de complementariedad que se vive, se practica y se salvaguarda en el resto de las Escrituras.

La frase "masculinidad y femineidad bíblicas" pasa por un momento difícil, y tal vez algunas heridas sean autoinfligidas. Sin embargo, en su estado óptimo, la masculinidad y la femineidad no son más que la gozosa apropiación de todo lo que Dios dispuso para nosotros en el huerto, como seres idóneos para trabajar y ayudar, para proteger y florecer, para dejar y unirse, para llenar la tierra y subyugarla. Eso es lo que Dios vio al término del sexto día y, he aquí, era bueno en gran manera.

---

5. Roberts, "Man and Woman in Creation", 38.

2

Patrones que predican

Pasajes del Antiguo Testamento

A LOS PREDICADORES LES GUSTA la aliteración. Admito que yo también la uso bastante. Y por alguna razón, la P es una letra muy popular para señalar los puntos de una predicación (¡ya ves lo fácil que resulta empezar todo por la P!). Así que me disculpo de antemano por mencionar brevemente tres palabras que empiezan con P y que son particularmente pertinentes para explorar varios pasajes del Antiguo Testamento (está bien, no sigo más con la P). Siempre que se habla de la masculinidad y la femineidad bíblicas, debemos distinguir entre *prescripciones*, *principios* y *patrones*.

- Más adelante consideraremos varias *prescripciones* clave acerca de los hombres y las mujeres. La mayoría de estas prescripciones se encuentran en las cartas de Pablo. Algunas están formuladas en un sentido positivo (hagan…) y otras en un sentido negativo (no hagan…). Dichas prescripciones establecen los límites más claros para la conducta, el vestido, las actitudes y las responsabilidades de hombres y mujeres.

- Tan importantes como las prescripciones, aunque menos inmediatas, son los *principios*: verdades fundamentales acerca de cómo son los hombres y las mujeres y para qué fueron creados. Esta clase de principios se encuentran desde Génesis hasta Apocalipsis. Por ejemplo, cuando Pablo escribe a Timoteo, aplica ciertos principios de Génesis a la situación en Éfeso.

- Por último, la Biblia revela *patrones* de comportamiento para hombres y mujeres y para la interacción entre ellos. Esto es particularmente cierto del Antiguo Testamento. Siempre debemos ser cuidadosos en el uso que damos a los patrones, para evitar convertir una descripción en una prescripción. Con todo, cuanto más vemos algo en la Biblia, más acertadamente podemos derivar principios de los patrones, especialmente cuando el patrón es uniforme, está asociado con personajes honorables y refleja el diseño original de Génesis.

Todo lo anterior nos resulta útil para recordar que, si bien el Antiguo Testamento no pretende darnos instrucciones explícitas acerca de hombres y mujeres en la iglesia, el Antiguo Testamento *sí* nos revela mucho acerca de los hombres y las mujeres en general, y estos patrones deben dar forma a nuestra manera de pensar acerca de la diferenciación y la complementariedad sexual en la vida y en el ministerio.

A continuación, presento cinco de estos patrones.

Patrón 1: Solo los hombres ejercen el liderazgo oficial

De principio a fin, los líderes del pueblo de Dios en el Antiguo Testamento fueron hombres.

Vemos este patrón en primer lugar con los patriarcas: Abraham, Isaac y Jacob. A pesar de que obviamente eran hombres imperfectos, fueron los responsables de la seguridad y del bienestar de sus familias. El Antiguo Testamento no subraya tanto la autoridad del padre en Israel como su papel central que se cumple como proveedor y protector de su hogar. A esto podríamos llamarlo *patricentrismo* en lugar de *patriarcado*, aunque bien entendido este último término también es apropiado.[1] Después de los patriarcas, vemos que los líderes del éxodo y de la conquista fueron hombres: Moisés, Aarón y Josué. En el proceso de desarrollo de la adoración y del sistema de gobierno en Israel, vemos que los líderes bajo la tutela de Moisés fueron todos hombres (Éxodo 18:21-22). Los sacerdotes y levitas eran todos hombres. Los jueces, con una excepción, fueron todos hombres. Los sacerdotes, en todos los rangos, fueron todos hombres. Los monarcas de Israel, con una excepción, fueron todos hombres. Los profetas públicos de mayor importancia, como Elías y Eliseo, Isaías, Jeremías y Ezequiel, fueron todos hombres. Todos los profetas que escribieron libros fueron hombres. Todos los que ocuparon cargos legítimos en el gobierno en Israel fueron hombres.

¿Y qué puede decirse de las aparentes excepciones? Hablaré más acerca de estas mujeres posteriormente en este capítulo, y luego retomaré algunas excepciones en mayor detalle en la segunda mitad del libro. No obstante, permíteme por ahora hacer unas breves observaciones.

1. Como jueza, Débora no ejercía una función militar, pero acompañó a Barac cuando él se consideró incapaz de ir solo a la batalla (Jueces 4:8). Fue vergonzoso para Barac que su enemigo fuera ejecutado a manos de una mujer (4:9, 21-22; 9:53-54). Además, los jueces en Israel eran libertadores

---

1. Acerca de la distinción entre estos términos, véase Andreas J. Köstenberger y Margaret E. Köstenberger, *God's Design for Man and Woman: A Biblical-Theological Survey* (Wheaton, IL: Crossway, 2014), 60.

nacionales, no tanto oficiales en un sentido formal con autoridad constituida.

2. Varias mujeres profetizaron en el Antiguo Testamento, entre ellas María (la hermana de Moisés), Débora y Hulda. Aunque debemos celebrar el hecho de que hubiera profetisas en Israel, estas no poseían autoridad institucional y no ejercían la misma clase de ministerio público que muchos de sus colegas masculinos.

3. Ester fue una reina heroica, pero no era la monarca que gobernaba y no presidía sobre Israel.

4. Atalía fue la única mujer que se sentó en el trono para reinar sobre Israel, pero se erigió reina no por elección ni unción divina, sino asesinando a todos los herederos al trono (2 Reyes 11:1). Cuando Joás, el heredero legítimo, se reveló más adelante, Atalía fue depuesta y ejecutada (11:13-16). Su reino, lejos de ser una notable excepción a la regla, reitera la noción del Antiguo Testamento que consideraba una señal degradante y vergonzosa para las mujeres reinar sobre el pueblo de Dios (Isaías 3:12).

Patrón 2: Las mujeres piadosas exhiben un amplio rango de características heroicas

No debemos equiparar liderazgo masculino con pasividad femenina. Las mujeres no son actores secundarios en el drama de la historia de la redención. El Antiguo Testamento está lleno de mujeres heroicas que influyeron en la historia, ejercieron autonomía personal y demostraron un amplio rango de virtudes piadosas. Las hijas de Zelofehad defendieron la heredad de sus familias (Números 27; 36). Jael atravesó el cráneo de Sísara (Jueces 4:17-23; 5:24-30). La mujer sunamita apeló al rey por su casa y su tierra

(2 Reyes 8:3). Estas no son mujeres débiles que servían de adorno nada más. Son ejemplo de fortaleza, valor y recursividad. Piensa en la mujer piadosa de Proverbios 31. Su virtud principal es ayudar a su marido; él confía en ella (31:11), ella le da bien y no mal (31:12) y mantiene su casa (31:27). Este es el patrón que se esperaría conforme al relato de la creación en Génesis. Sin embargo, no hay que pasar por alto todo lo que es excelente en esta mujer "ama de casa". Ella vende lana y lino (31:13). Se levanta temprano y se acuesta tarde (31:15, 18). Compra un campo y planta una viña (31:16). Hace negocios y telas (31:18, 24).

> No debemos equiparar liderazgo masculino con pasividad femenina. Las mujeres no son actores secundarios en el drama de la historia de la redención.

Es generosa (31:20). Habla con sabiduría y enseña con bondad (31:26). Es una mujer fuerte que se viste de dignidad (31:17, 25). Sin duda, este es un cuadro idealizado cuyo propósito era servir como punto final del libro que exhorta al lector a seguir a la sabiduría. La idea no es que las mujeres se desalienten cada vez que llegan a la asombrosa mujer de Proverbios 31. Antes bien, deben animarse con la descripción de una mujer que ejerce todos sus poderes físicos, mentales y empresariales sirviendo a su esposo y su hogar con sus múltiples virtudes.

Patrón 3: Las mujeres piadosas ayudan a los hombres

Responde rápidamente esta pregunta: ¿Cuáles son algunas de las mujeres más famosas y ejemplares del Antiguo Testamento? No pienses demasiado y no tardes demasiado en responder. ¿Qué nombres vinieron a tu mente? Tal vez nombres como Sara y Rebeca, Raquel y Lea, Rahab y Rut, Débora y Abigail, Eva y Ester. Solo para aclarar, ellas fueron mujeres imperfectas que, en ocasiones, fueron afectadas por la desobediencia (Eva), la incredulidad (Sara) y el engaño (Rebeca). Sin embargo, fueron buenos ejemplos muchas veces en la influencia positiva que ejercieron cuando encaminaron, aconsejaron, apoyaron y acompañaron a los hombres. Sara fue ejemplo de respeto hacia su marido (1 Pedro 3:6). Rahab escondió a dos espías (Josué 2). Débora alentó la determinación de Barac (Jueces 4). Rut convenció a Booz para que la protegiera (Rut 3). Abigail trató con amabilidad a David al tiempo que pidió perdón por la necedad de su marido (1 Samuel 25). Ester arriesgó su vida e intervino para revelar a su esposo la verdadera amenaza en su reino (Ester 7). Estas heroicas mujeres aprovecharon oportunidades y vencieron circunstancias y gobernantes difíciles, y lo hicieron, no necesariamente como esposas, sino como la ayuda inteligente que Dios se propuso que fueran.

Patrón 4: Las mujeres impías influyen para mal en los hombres, y los hombres impíos maltratan a las mujeres

Ahora responde a la pregunta anterior, pero en el sentido contrario. ¿Cuáles son las mujeres que más se destacan en el Antiguo Testamento por su maldad, cuyos nombres no elegirías para tus hijas? Muchos de estos nombres que resultan más obvios son de quienes engañaron, irrespetaron o desviaron a sus esposos. Piensa en Jezabel que llevó a Acab a cometer más y más iniquidad (1 Reyes 21), en Dalila que sedujo a Sansón (Jueces 16) o en Mical que reprochó a David su adoración espontánea (2 Samuel 5). Por supuesto, estos patrones solo son eso, patrones. Hay mujeres en el Antiguo Testamento que alcanzaron fama independientemente de los hombres, pero son las excepciones. La mayoría de los ejemplos positivos y negativos de mujeres en el Antiguo Testamento son positivos o negativos según la influencia que ejercieron sobre los hombres, para bien y para mal.

Cabe mencionar también que algunas de las mujeres más notorias en la Biblia lo son por la manera en que fueron maltratadas por hombres. Hay que recordar la triste historia de Dina (Génesis 24), Betsabé (2 Samuel 11) y Tamar (Génesis 38; 2 Samuel 13), o las hijas de Lot que fueron ofrecidas a los hombres de Sodoma (Génesis 19), la hija de Jefté (Jueces 11) o la concubina del levita (Jueces 19). Los hombres que maltratan, difaman o abusan de las mujeres no solo pecan como seres humanos, sino que pecan al violar su llamado como hombres. En nuestro mundo caído, quienes deberían ser de ayuda pueden convertirse en obstáculos y, peor aún, quienes deberían ser protectores pueden convertirse en opresores.

Patrón 5: Las mujeres experimentan dolor y propósito en tener y criar hijos

En el relato de la creación vimos que, en el sentido más fundamental, Eva era una ayuda para Adán porque le ayudó a llevar a cabo el mandato de ser fructífero y de multiplicarse, el único aspecto de ser un portador de la imagen divina que el hombre no podía lograr por sí solo. También vimos que la mujer experimenta los efectos de la maldición en su papel como madre. Ser mujer es ser hombre con un vientre, el tipo de ser humano con la capacidad para tener hijos (aunque no toda mujer tenga esa oportunidad o aptitud física).

No es de extrañar, pues, que el dolor (debido a la caída) y el propósito (por el diseño de Dios) de las mujeres esté ligado con tanta frecuencia al tema de los hijos. En casi todos los momentos decisivos en la historia de la redención encontramos mujeres estériles que reciben de Dios el poder para concebir un hijo: Sara con Isaac (Génesis 21:1-3), Rebeca con Esaú y Jacob (Génesis 25:21-25), Raquel con José (Génesis 30:22-24), la esposa de Manoa con Sansón (Jueces 13:3-24) y Ana con Samuel (1 Samuel 1:19-20). Este patrón continúa en el Nuevo Testamento con Elisabet y Juan el Bautista (Lucas 1:13) y en una intervención divina extraordinaria con María y Jesús (Mateo 1:18-25). Del mismo modo, Dios castiga la desobediencia cerrando el vientre de la casa de Abimelec (Génesis 20:18) y de Mical, la esposa de David (2 Samuel 6:23). A lo largo del Antiguo Testamento, pocas calamidades se consideran más trágicas que la esterilidad en la mujer (Proverbios 30:16-17) y pocos acontecimientos más dichosos que la capacidad de la mujer de tener hijos (Éxodo 23:26; Deuteronomio 7:12-14; Salmo 113:9; 127:3-5; 128:3).

Valga aclarar que el valor de una mujer no depende en absoluto de los hijos que tenga o de su capacidad para tener hijos. En el Antiguo Testamento encontramos toda clase de maneras en que las mujeres sirvieron a Dios y salvaron al pueblo de Dios de sufrir daño. Con todo, existe un propósito único dado por Dios que las mujeres encuentran en tener y cuidar hijos.[2] Considera, por ejemplo, los primeros capítulos del libro de Éxodo. A veces pensamos que el Éxodo solo habla de Moisés, pero antes de que apareciera Moisés en la escena (y, de hecho, para hacer posible su aparición en escena), el libro nos presenta a varias mujeres. La valentía e ingenio de Sifra y Fúa, las parteras hebreas, hicieron posible la supervivencia de Moisés. La madre de Moisés toma la dura pero correcta decisión de proteger a Moisés poniéndolo en el río. María sirve a su pequeño hermano Moisés, ingeniando un plan para traerlo de vuelta a casa por un período de tiempo. Y la hija de Faraón cría a Moisés como a su propio hijo.

En las primeras páginas de Éxodo, este gran relato de la obra redentora de Dios que sirve de paradigma, la historia entera avanza gracias a las mujeres, más específicamente mujeres que cuidan a niños: Sifra, Fúa, Jocabed, María y la hija de Faraón. Dios las usó a todas de maneras poderosas, de maneras que ellas no podían comprender plenamente en su momento, simplemente por amar a los niños y proteger a esas vidas indefensas. Observa además que solo una de estas mujeres era la madre biológica del niño protagonista de la historia. Las mujeres que por diversas razones no tienen hijos

---

2. Por supuesto que en el Nuevo Testamento también vemos cómo los padres son imprescindibles en la educación de los hijos (Efesios 6:4; Colosenses 3:21), pero, aun así, el papel del padre se concentra en la disciplina (Hebreos 12:7), mientras que el papel maternal se concentra, por lo general, en el cuidado y el afecto (1 Tesalonicenses 2:7-8).

propios pueden ser "madres en Israel". No estoy sugiriendo que trabajar con niños sea lo único que las mujeres puedan o deban hacer en la vida o en la iglesia. Sin embargo, debemos reconocer el patrón del Antiguo Testamento y celebrar el cuidado de los hijos como una de las múltiples labores y una de las más asombrosas que muchas mujeres van a desempeñar en su vida.

3

Revolución y repetición

Jesús y los Evangelios

TAL VEZ HAYAS ESCUCHADO la ocurrencia: Dios nos hizo a su imagen y, desde entonces, le hemos devuelto el favor haciéndolo a Él a la nuestra. Si esto es cierto acerca de la manera en que tratamos de reconfigurar a Dios a nuestra semejanza, lo es aún más respecto al Hijo de Dios. Nos gustaría pensar que Jesús vio el mundo como nosotros lo vemos, y que nuestra manera de vivir es la manera en que Jesús vivió su vida. La cristología de muchos cristianos (y la mayoría de no cristianos) es muy simple: creen que Jesús era idéntico a ellos.

Esto es particularmente cierto en lo concerniente a la visión de Jesús acerca de hombres y mujeres. Tenemos que estar preparados para llevarnos una sorpresa. Aunque Jesús nunca "puso a las mujeres en su sitio", tampoco trató de desplazar a los hombres del suyo. Jesús no ocupa ningún segundo plano en su posición a favor de la mujer. Sin embargo, esta actitud pro-mujer nunca necesitó ser anti-hombre ni antagónica de la diferenciación sexual. Es impresionante ver cómo el autor y perfeccionador de nuestra fe interactuó con valentía y nobleza con mujeres de su época y cómo, al mismo tiempo, preparó hombres para el liderazgo.

Un ministerio revolucionario

En un trasfondo cultural que restaba importancia a la dignidad de las mujeres e incluso las despersonalizaba, Jesús afirmó con entereza su valor y con agrado se benefició del vital ministerio de ellas. Implementó la inusual práctica de hablar libremente a las mujeres, y de hacerlo nada menos que en público (Lucas 7:12-13; Juan 4:27; 8:10-11). Asimismo, atendió con frecuencia las necesidades de mujeres que sufrían, como la suegra de Pedro (Marcos 1:30-31), la mujer encorvada durante dieciocho años (Lucas 13:10-17), la mujer con flujo de sangre (Mateo 9:20-22) y la mujer sirofenicia (Marcos 7:24-30).

> Jesús no solo ministró a las mujeres, sino que les permitió ministrarle a Él.

Jesús no solo ministró a las mujeres, sino que les permitió ministrarle a Él. Las mujeres ungieron a Jesús y Él recibió con agrado su servicio (Mateo 26:6-13; Lucas 7:36-50). Algunas mujeres apoyaron económicamente el ministerio de Jesús (Lucas 8:2-3), mientras que otras ofrecieron hospitalidad (Lucas 10:40; Juan 12:2). Algunas mujeres se mencionan por su nombre, como María Magdalena, Juana, Susana, María la madre de Jacobo y de José, Salomé, María y Marta, lo cual evidencia el lugar notable que ocupaban en el ministerio de Jesús. Muchas mujeres hacían parte del grupo de discípulos de Jesús. Más significativo aún es el hecho de que los primeros testigos de la resurrección fueran mujeres (Mateo 28:5-8; Marcos 16:1-8; Lucas 24:2-9; Juan 20:1-2).

Un presupuesto esencial y radical del ministerio de Jesús es que las mujeres poseen un valor y propósito inmensos. El ejemplo más claro es su madre, María, que en Lucas 1:28 es llamada muy favorecida. Además, Jesús hizo referencia a mujeres para ilustrar sus enseñanzas: la reina del sur (Mateo 12:42), la viuda de Sarepta

(Lucas 4:26), las mujeres en la Segunda Venida (Mateo 24:1) y la mujer que buscaba la moneda perdida (Lucas 15:8-10). Jesús elogió a la viuda insistente como ejemplo de la necesidad de orar siempre (Lucas 18:1-5) y la ofrenda de la viuda pobre como ejemplo de generosidad (Lucas 21:1-4).

Jesús se dirigió a las mujeres con ternura, llamándolas "hijas de Abraham" y poniéndolas en el mismo plano espiritual de los hombres (Lucas 13:16). Su enseñanza acerca del divorcio trató a las mujeres como personas, no como meras propiedades (Mateo 5:32; 19:9), y su instrucción acerca de la lujuria protegía a las mujeres de ser tratadas como nada más que objetos de deseo sexual (Mateo 5:28). En una época en la que el aprendizaje de las mujeres era mal visto, Jesús se propuso enseñar a las mujeres en múltiples ocasiones (Lucas 10:38-42; 23:27-31; Juan 11:20-27). En resumen, Jesús honró a las mujeres, las valoró, las respetó, con agrado recibió su asistencia y las incluyó en su ministerio de muchas maneras.

Un apostolado masculino y un Cristo masculino

El trato honorable de Jesús hacia las mujeres estuvo en armonía con el diseño original de Dios para el liderazgo masculino. En conformidad con el patrón de la creación, la actitud revolucionaria de Jesús hacia las mujeres no llegó a incluirlas en esferas de responsabilidad que estaban asignadas a los hombres.

No sirve afirmar que Jesús simplemente siguió las costumbres de su época. Él no tuvo problema alguno en romper tabús sociales, motivo por el cual anduvo con publicanos, comió sin lavarse las manos, redefinió el día de reposo, reinterpretó el templo, condenó a los fariseos ¡e incluso honró a mujeres! El hecho es que si bien anuló algunas interpretaciones judías (p. ej., acerca del divorcio, la lujuria y la retribución), Jesús nunca rechazó la enseñanza del Antiguo Testamento (Mateo 5:17). Jesús honró a las mujeres de una manera contracultural sin rechazar los principios y patrones fundamentales que recibió de su trasfondo judío basado en el Antiguo Testamento.

Algunos se oponen a este razonamiento señalando que Jesús también llamó únicamente a hombres *judíos* para que fueran apóstoles. Según esa misma lógica, ¿acaso deberían aceptarse solamente judíos para ocupar posiciones de liderazgo en la iglesia? No. El origen judío de los apóstoles tiene que ver con un momento particular en la historia de la salvación, mientras que su masculinidad no. Después de Pentecostés, el reino que Jesús introdujo ya no era solo para judíos. Gentiles como Lucas y Tito asumieron posiciones de enseñanza y liderazgo. Los primeros líderes de la iglesia fueron judíos, porque la comunidad cristiana se formó a partir del judaísmo. A medida que la comunidad creció para incluir a los gentiles, también se amplió el núcleo de liderazgo. Por otro lado, el liderazgo masculino fue importante desde el principio y ha permanecido uniforme. Cuando los discípulos necesitaron un sucesor de Judas, los apóstoles buscaron un *hombre* que hubiera estado con ellos (Hechos 1:21-22).

Por último, no olvidemos el hecho más obvio: Jesús era un hombre. Esto no significa que Dios sea un hombre, el supuesto "viejo de allá arriba". Sin embargo, la masculinidad de Jesús no es irrelevante. Al igual que los profetas (públicos), los sacerdotes y los reyes de la antigüedad, Jesús fue un hombre. Como el primer Adán, Jesús fue un hombre. Y como el nuevo Moisés y un nuevo Israel, Jesús fue un hombre. Como la figura divina enviada por el Anciano de días, Jesús fue un hombre. Como el cordero perfecto para el sacrificio, Jesús fue un hombre. Y cuando Jesús vuelva otra vez como un guerrero conquistador y juez justo, vendrá como un hombre.

> Jesús honró a las mujeres de una manera contracultural sin rechazar los principios y patrones fundamentales... en el Antiguo Testamento.

Jesús, por supuesto, vino a salvar a hombres y a mujeres. Pero al venir como hombre, Él literalmente encarnó lo que debía ser la verdadera masculinidad: una masculinidad que salva, protege, rescata, lidera, enseña y sirve. Tiene sentido, pues, que si bien Jesús honró a las mujeres y las capacitó para el ministerio, cuando se trató de elegir a quienes iban a ocupar posiciones de autoridad, Él solo eligió a hombres. No existe alguien más pro-mujer que Jesús, y ninguno que, mediante su ejemplo y su persona misma, haya afirmado más la verdadera masculinidad.

4

De cabezas y cabello

1 Corintios 11:2-16; 14:33-35

EN ESTE CAPÍTULO y en los tres siguientes pasamos a los puntos complicados de la exégesis. Quisiera animarte a que leas primero todos los pasajes bíblicos o que, mientras leas cada uno de estos cuatro capítulos, tengas tu Biblia abierta a los pasajes relevantes. También te animo a estudiar estos versículos con un sencillo acróstico en mente: SCAN. La Biblia es *suficiente* para la vida y la piedad. La Biblia es *clara* en todas sus ideas principales. La Biblia es *autoridad* en todas sus declaraciones. Y la Biblia es *necesaria* para que conozcamos la voluntad y los caminos de Dios. En otras palabras, en nuestro estudio de la Biblia, recordemos todo lo que sabemos que es verdad acerca de la Biblia y confiemos en que Dios nos ayudará a entender lo que a primera vista pueda parecer confuso o polémico.[1]

---

1. Para más detalles acerca de estos temas, consulta Kevin DeYoung, *Confía en su Palabra: Por qué la Biblia es necesaria y suficiente y lo que eso significa para ti y para mí* (Grand Rapids, MI: Editorial Portavoz, 2015).

No voy a hacer una lectura pormenorizada de los pasajes de 1 Corintios. Antes bien, quiero echar un vistazo a los apartes más difíciles y controvertidos (lo cual puede resultar de la reflexión acerca de los hombres y las mujeres). Con ese fin, intentaré responder seis preguntas exegéticas.

Pregunta 1: ¿Qué significa que el hombre es cabeza de su esposa?

Pero quiero que sepáis que Cristo es la cabeza de todo varón, y el varón es la cabeza de la mujer, y Dios la cabeza de Cristo (1 Corintios 11:3).

El versículo 3 subraya una serie de relaciones que se entrelazan: "Cristo es la cabeza de todo varón, el varón es la cabeza de la mujer, y Dios la cabeza de Cristo". Todo el que está familiarizado con este tema sabe que la palabra "cabeza" (*kefalé*) ha derramado mucha tinta y ha costado muchos árboles. Los académicos, sirviéndose de su conocimiento del griego y de los últimos programas de computadora, van por doquier publicando artículos y libros para debatir si *kefalé* significa "autoridad sobre alguien" o "fuente" (como la cabeza de un río es su fuente). Otros han debatido que la palabra significa "prominente", "preeminente" o "principal". Al final, el contexto sugiere que *kefalé* en el versículo 3 debe tener *alguna* relación con autoridad. Roy Ciampa y Brian Rosner tienen razón:

> Aun si lo que Pablo refiere con "cabeza" significa "el más prominente" o (menos probable) "uno a través del cual el otro existe", su lenguaje y el curso del argumento parecen reflejar una jerarquía establecida a través de la cual la gloria y la vergüenza fluyen en sentido ascendente desde quienes ocupan una posición más baja a los que están

arriba. En este contexto, la palabra se refiere, casi con toda seguridad, a alguien con autoridad sobre el otro.[2]

Además, en los escritos de Pablo encontramos algunos ejemplos donde *kefalé* significa necesariamente algo como "autoridad sobre alguien". En Efesios 1, Pablo dice que Cristo se ha sentado a la diestra de Dios en los lugares celestiales, por encima de todo principado y autoridad y poder y señorío, que todas las cosas han sido sometidas bajo sus pies, y que ha sido dado por cabeza (*kefalé*) sobre todas las cosas a la iglesia (1:20-22). El contexto exige que *kefalé* sea una referencia a la autoridad de Cristo sobre la iglesia, no simplemente que la iglesia tiene su origen en Cristo. De igual modo, en Efesios 5, Pablo dice que las esposas deben estar sujetas a sus maridos, porque el marido es cabeza de la mujer como Cristo es cabeza de la iglesia (5:22-23). Afirmar que el esposo es cabeza como una razón para la sujeción de la esposa tiene poco sentido si ser cabeza implica únicamente la idea de fuente o de origen sin referencia alguna al liderazgo masculino. En al menos dos casos en Efesios, *kefalé* significa necesariamente "autoridad sobre alguien". Tampoco existen razones gramaticales ni de contexto para pensar que Pablo use *kefalé* en un sentido diferente en 1 Corintios 11.

Por lo anterior, debemos entender que 1 Corintios 11:3 dice que Cristo tiene autoridad sobre la humanidad; el esposo tiene autoridad sobre su esposa (las palabras griegas para hombre y mujer son las mismas para marido y mujer); y Dios tiene autoridad sobre Cristo. Así pues, tenemos hombre y mujer, iguales e interdependientes (11:11-12), en una relación mutua dentro de un orden diferenciado.

2. Roy E. Ciampa y Brian S. Rosner, *The First Letter to the Corinthians* (Grand Rapids, MI: Eerdmans, 2010), 509. Véase más acerca de *kefalé* en Wayne Grudem, *Evangelical Feminism and Biblical Truth: An Analysis of More than 100 Disputed Questions* (Wheaton, IL: Crossway, 2012), 201-211, 544-599.

En años anteriores, algunos partidarios de la complementariedad exageraron el hecho de que Pablo estableciera una conexión
entre la relación de los esposos y el liderazgo de Dios sobre Cristo.
Vale aclarar que *sí* hay un punto esencial que debe señalarse a
partir del paralelo Dios-Cristo en el versículo 3, a saber, que el ser
cabeza no es indicación alguna de inferioridad ontológica. Tener
autoridad sobre alguien, o ser cabeza de otro, no es incompatible
con la igualdad en valor, honra y esencia. Sin embargo, incluso
en esto debemos cuidarnos de señalar que exista una expresión
"económica" del Hijo en el versículo 3 ("Cristo"), no una expresión ontológica o inmanente (p. ej., "Hijo"). No debemos usar
la Trinidad "como nuestro modelo" para la relación matrimonial. Primero, porque no hace falta para confirmar la veracidad
de la complementariedad, y segundo, porque el funcionamiento
metafísico interno de la inefable Trinidad no admite la aplicación
inmediata con simples fines prácticos. De hecho, es impresionante
ver que el Nuevo Testamento basa con frecuencia los imperativos
éticos en el evangelio (p. ej. el matrimonio como una realidad que
se fundamenta en Cristo y la iglesia), pero nunca en el "orden"
eterno de Dios.

Si hablamos acerca de la Trinidad económica, es decir, la actividad de Dios y la obra de las tres personas en la creación y la
redención, ciertamente podemos decir que el Hijo se sujeta al Padre,
mientras que el Padre no se sujeta al Hijo. Existe un orden (*táxis*)
eterno de la Trinidad que encuentra su expresión en el tiempo.
Con todo, el lenguaje de la subordinación eterna del Hijo no es el
lenguaje más acertado para describir este orden; tampoco vemos en
la tradición nicena que las personas de la Trinidad se caractericen
por una relación de autoridad y sumisión. Tradicionalmente, la
manera en que se han distinguido las personas de la Deidad (que
técnicamente son *distintas*, lo cual sugiere tres *hipóstasis*; no son
diferentes, lo cual sugeriría otro *ousía*) no está determinada por los
roles ni por las relaciones eternas de autoridad y sumisión, sino por

paternidad, filiación e espiración. Dicho de otra manera, el Padre es el Padre (y no el Hijo ni el Espíritu), el Hijo es el Hijo (y no el Padre ni el Espíritu), y el Espíritu es el Espíritu (y no el Padre ni el Hijo) en virtud de que el Padre, como Padre, no fue engendrado; el Hijo es el unigénito del Padre; y el Espíritu proviene del Padre y del Hijo.

Todo esto para decir que debemos ser extremadamente cuidadosos a la hora de hacer declaraciones apresuradas acerca de la Trinidad a partir del versículo 3. Lo que podemos decir con base en el versículo 4, y en realidad es lo único que necesitamos decir, es que la cabeza no tiene que ser áspera (porque Dios es la cabeza de Cristo) y tener a otro como cabeza no tiene que ser degradante (porque Cristo tiene a Dios como cabeza). Como lo expresa Calvino: "Ya que, al convertirse en Mediador a fin de acercarnos a Dios, su Padre, Él se humilló no en esa esencia divina que habita en Él en toda su plenitud y en la que no difiere en absoluto de su Padre, sino en hacerse nuestro Hermano".[3]

Pregunta 2: ¿Qué significa cubrirse la cabeza?

> Pero toda mujer que ora o profetiza con la cabeza descubierta, afrenta su cabeza; porque lo mismo es que si se hubiese rapado (1 Corintios 11:5).

Algunos arguyen que cubrirse la cabeza en 1 Corintios 11:5 se refiere al cabello largo. Después de todo, ¿no nos dice el versículo 15 que "en lugar de velo le es dado el cabello"? Sin embargo, casi con toda seguridad el cabello largo no equivale a cubrirse la cabeza. El versículo 15 no significa necesariamente que el cabello largo sea dado *en lugar de* cubrirse la cabeza; puede significar simplemente que el cabello es dado *para* cubrir la cabeza. El argumento que va del versículo 14 al versículo 15 sugiere que el cabello

---

3. John Calvin, *Men, Women, and Order in the Church: Three Sermons by John Calvin*, trad. Seth Skolnitsky (Dallas: Presbyterian Heritage, 1992), 16.

largo no es el cubrimiento requerido en la adoración, sino una indicación del hecho de que *sí* se requiere cubrimiento (ver también el versículo 6 donde una cabeza descubierta no es idéntica a una cabeza rapada, aunque sí es igual de deshonrosa). Las mujeres romanas en la antigüedad debían caracterizarse ante todo por *pudicitia* ("pudor" en latín"), y el hecho de que una mujer adulta llevara su cabellera sin cubrirla era una de las señales principales de falta de pudor sexual.[4]

¿Qué, pues, es el cubrimiento de la cabeza? Una conjetura bien fundada es que se trataba de algún tipo de manto. Es muy probable que no se tratara de un velo como se acostumbra en muchos países musulmanes, porque cubrirse el rostro no era una costumbre común en la cultura greco-romana. El cubrimiento que Pablo tenía en mente era posiblemente una pequeña prenda como un chal, similar a una bufanda, que podía ponerse en la cabeza en el momento de orar y profetizar.

Pregunta 3: ¿Qué "cabeza" afrenta la mujer?

Pero toda mujer que ora o profetiza con la cabeza descubierta, afrenta su cabeza; porque lo mismo es que si se hubiese rapado (1 Corintios 11:5).

Una de las dificultades con este versículo es que la palabra "cabeza" se emplea a lo largo del pasaje con significados diferentes e incluso múltiples. Por ejemplo, "todo varón que ora o profetiza con la cabeza cubierta, afrenta su cabeza" (11:4) significa que todo hombre que se cubre la cabeza física deshonra su cabeza espiritual, esto es, Cristo (11:3). ¿Y qué sucede en el caso de la mujer? Ella también deshonra su cabeza espiritual cuando su cabeza física está descubierta. La *cabeza* que ella deshonra es, por extensión, Cristo, pero

---

4. Véase Kyle Harper, *From Shame to Sin: The Christian Transformation of Sexual Morality in Late Antiquity* (Cambridge, MA: Harvard University Press, 2013), 41-42.

en el sentido más inmediato, su esposo. Las acciones de la esposa se proyectan en su esposo, porque ella es la gloria de él (11:7; cf. Proverbios 31:23). Es probable que el problema en Corinto incluyera a hombres y mujeres. Podemos ver cómo una esposa libertina y descubierta traía vergüenza a su marido. Pero también los hombres tenían culpa. A principios de la era del Imperio romano, los hombres acostumbraban a usar el vestido y la apariencia de sus esposas para procurarse algún estatus personal.[5] Si bien es poco probable que los esposos quisieran que sus esposas participaran de la adoración descubiertas, es posible que ellos buscaran gloriarse por sus esposas, al tiempo que algunas mujeres corrían el riesgo de avergonzar a sus maridos.

Pregunta 4: ¿A qué se refiere Pablo con "autoridad"?

Por lo cual la mujer debe tener señal de autoridad sobre su cabeza, por causa de los ángeles (1 Corintios 11:10).

La mayoría de las traducciones hablan de una "señal" o "símbolo" de autoridad. Aunque no existe una palabra para "señal" o "símbolo" en el griego de 1 Corintios 11:10, la mayoría de los comentaristas coinciden en que Pablo no se refiere a que la mujer deba tener autoridad sobre su propia cabeza. Esa conclusión no se desprende fácilmente del resto del argumento de Pablo. Antes bien, conviene pensar que el cubrimiento de la cabeza es una señal o símbolo de autoridad.

Sin embargo, ¿qué clase de autoridad? Tradicionalmente, los intérpretes han entendido que el versículo 10 habla acerca de una señal de la autoridad del marido sobre su mujer. Sin embargo, en tiempos más recientes, muchos arguyen que cubrir la cabeza es una señal de la autoridad que tiene la esposa para orar y profetizar. No

---

5. Véase Anthony C. Thiselton, *The First Epistle to the Corinthians*, New International Greek Testament Commentary (Grand Rapids, MI: Eerdmans, 2000), 802.

creo que las dos interpretaciones difieran mucho. En ambas, la esposa debe tener una señal sobre su cabeza que indique que ella no se ha desligado de la autoridad de su esposo cuando va a orar o profetizar. En otras palabras, cubrirse la cabeza funciona como una señal de sumisión a su marido *y* como una señal de que, en virtud de ello, puede orar o profetizar en la asamblea.

Pregunta 5: ¿Qué quiere decir Pablo al referirse a "la naturaleza misma"?

La naturaleza misma ¿no os enseña que al varón le es deshonroso dejarse crecer el cabello? (1 Corintios 11:14).

La naturaleza se refiere a algo más que a la opinión de la mayoría o a las costumbres predominantes de la época. Pablo usa "naturaleza" en el sentido del diseño de Dios o de la manera en que Dios ha dispuesto que sean las cosas, como los gentiles a veces "hacen por naturaleza lo que es de la ley" (Romanos 2:14). Hay algo transcultural en el uso de la palabra por parte de Pablo (cf. Romanos 1:26 donde Pablo descalifica la homosexualidad como contraria a la naturaleza). El apóstol usa la naturaleza como apelando al sentido de dignidad y decoro dado por Dios y que permanece incluso en nuestro mundo caído.

¿Cómo, pues, nos enseña la naturaleza que las mujeres debemos tener el cabello largo y que el cabello del hombre debe ser corto? Los hombres pueden tener tanto cabello como las mujeres y, con frecuencia, los soldados romanos lo tuvieron largo. A Sansón se le prohibió cortarse el cabello como requisito de un voto nazareo (Jueces 13:5; ver también Números 6:1-12). ¿A qué se refiere Pablo cuando apela a la naturaleza?

En el argumento de Pablo, hay una mezcla curiosa de naturaleza y de costumbres del primer siglo (al menos desde la perspectiva de quienes vivimos veinte siglos después del público original). La naturaleza no nos enseña cuán largo debe ser nuestro cabello. La cultura nos enseña la longitud aceptable para hombres y mujeres. Sin embargo, la naturaleza nos enseña que los hombres deberían adornarse como hombres y las mujeres como mujeres. La inclinación natural que Dios puso en hombres y mujeres es avergonzarse de aquello que confunde su diferencia sexual. La cultura nos ofrece símbolos de masculinidad y de femineidad, mientras que la naturaleza dictamina que los hombres solo deben abrazar su masculinidad y las mujeres, su femineidad.

¿Deben las mujeres cubrirse todavía la cabeza cuando oran y profetizan? Si esa es tu convicción, nunca te aconsejaría ir contra tu conciencia, pero creo que Pablo nos permite echar mano de nuestras propias referencias culturales de masculinidad y femineidad. Es imposible saber con precisión cómo eran las prendas que usaban para cubrirse la cabeza. Al desconocer casi por completo la práctica en cuestión, cualquier intento por acatar con exactitud sería más simbólico que real.

Aunque Pablo apela al orden creado en este pasaje, lo más importante es que se abstiene de basar el cubrimiento de la cabeza en el diseño original de Dios. Debido al orden creado de los sexos y según 1 Corintios 11:10, la mujer debe tener una señal de autoridad sobre su cabeza. No obstante, hay que señalar que Pablo no da detalles específicos acerca del tipo de cubrimiento que la mujer debe llevar. Es claro que tiene en mente para los corintios una manera de cubrirse la cabeza, pero lo que el orden natural respalda no es un tipo particular de chal, sino un símbolo de autoridad. Esa es la clave. Cuando las mujeres oran y profetizan en la asamblea, deben hacerlo con alguna señal que represente su autoridad para hacerlo. En otras palabras, algo debe comunicar a la congregación:

> Podemos afirmar... que Dios desea que los hombres se vean como hombres y que las mujeres se vean como mujeres, aunque la apariencia física de esto varíe de una época a otra y de un lugar a otro.

"Esta mujer que habla en público no desecha su papel como gloria del hombre. Vive en sujeción a su esposo (si está casada) y, por lo tanto, tiene autoridad para hablar". Tal vez este símbolo sea una argolla de matrimonio, la manera en que se viste, el uso del apellido de su esposo (en algunas culturas) o algún comportamiento reconocido de afabilidad y de respeto.

El hecho de que Pablo haya apelado a la naturaleza en el versículo 14 dificulta una aplicación precisa de sus principios anteriores. Como se ha discutido, "la naturaleza de las cosas" enseña que el cabello largo, como una expresión cultural de femineidad, no corresponde a los hombres. La naturaleza no nos instruye acerca de la longitud del cabello, pero sí nos enseña que, en una cultura en la cual es un símbolo de femineidad, el cabello largo debería considerarse deshonroso para los hombres. La naturaleza nos enseña que una mujer debe aceptar su papel como mujer, pero la expresión de la femineidad estará en cierto modo condicionada por la cultura.

Soy consciente de que esto es un poco difuso y que algunos preferiríamos tener unas normas estrictas para la longitud del cabello, pero en este caso nos vemos obligados a vivir con cierta ambigüedad. Calvino arguye que, cuando una costumbre es buena y decorosa, debemos aceptarla, pero si aceptamos cada costumbre cultural, terminaremos en una "mezcolanza confusa". La aplicación de 1 Corintios 11 es un llamado a la "prudencia y la discreción".[6] Podemos afirmar, sin equivocarnos, que Dios desea que los hombres se vean como hombres y que las mujeres se vean como mujeres, aunque la apariencia física de esto varíe de una época a otra y de un lugar a otro. Puede que las mujeres no tengan que cubrir su cabeza con alguna prenda, pero deben demostrar sumisión a sus esposos y exhibir las debidas muestras de femineidad.

Quisiera añadir una última aclaración sobre 1 Corintios 11:16. "Si alguno quiere ser contencioso, nosotros no tenemos tal

---

6. Calvin, *Men, Women, and Order in the Church*, 55, 58.

costumbre, ni las iglesias de Dios" se emplea en ocasiones para negar los versículos 2-15. La palabra griega *toioútos* puede significar "tal" u "otro". Si es "tal", como lo traduce la versión Reina-Valera de 1960, debemos entender que Pablo dice: "no tenemos tal práctica de ser contencioso", y que no se refiere a "no tenemos tal práctica de cubrir la cabeza". Si la palabra significa "otro", debemos entender que Pablo dice: "no tenemos otra práctica en todas las iglesias aparte de lo que se ha expuesto", y no que dice: "no tenemos otra práctica sobre la contienda, de modo que hagan lo que prefieran". El versículo 16 recalca que las instrucciones de Pablo no nacen de una preferencia personal, sino de lo que constituye una buena práctica para el pueblo de Dios en todas partes.

Pregunta 6: ¿Cómo puede Pablo ordenar a las mujeres callar en las iglesias en 1 Corintios 14 cuando en 1 Corintios 11 reglamenta cómo deben orar y profetizar?

Vuestras mujeres callen en las congregaciones; porque no les es permitido hablar, sino que estén sujetas, como también la ley lo dice (1 Corintios 14:34).

En 1 Corintios 11, Pablo da por sentado que, con los símbolos correctos en orden, las mujeres pueden orar y profetizar en la iglesia (11:5). El hecho de que Pablo continúa por el resto del capítulo 11 con instrucciones para la Cena del Señor, y en los capítulos 12 y 14 da instrucciones acerca del uso apropiado de los dones espirituales en público, deja claro que Pablo está pensando en la asamblea reunida en 11:2-16. Las mujeres no guardaban completo silencio en los cultos de adoración corintios. Eso dice el capítulo 11. Sin embargo, en el capítulo 12, Pablo dice: "Vuestras mujeres callen en las congregaciones". ¿Qué hacer, pues? ¿Deben las mujeres orar y profetizar, o estar calladas?[7]

---

7. Debido a algunas variaciones en el orden de los versículos 34-35 en manuscritos anteriores, algunos expertos han afirmado que fueron añadidos y que no son de Pablo. Sin embargo, los argumentos a favor de su autenticidad

Algunos han resuelto este dilema descartando a Pablo como quien se contradice de manera irremediable. Otros consideran que las instrucciones de 1 Corintios son hipotéticas, de cómo las mujeres deberían adornarse si *pudieran* orar y profetizar, algo que, por supuesto, no pueden hacer. Otros piensan que Pablo habla de dos contextos diferentes en los dos capítulos: en el capítulo 11 habla acerca de las reuniones informales donde las mujeres pueden hablar, y en el capítulo 14 habla acerca de las asambleas formales de iglesia donde las mujeres deben permanecer en silencio. Otros imaginan que Pablo simplemente exagera en 1 Corintios 14 porque "estaba harto" del parloteo de las mujeres corintias.

Permíteme sugerir otra alternativa que no es particularmente mía: Pablo permitía a las mujeres profetizar, pero no les permitía participar en el examen de la profecía.

El Nuevo Testamento habla con frecuencia de profetas y de profecía (Hechos 11:28; 13:1-2; 15:32; 1 Corintios 12:10; 13:2; 14:3; Efesios 2:20; 3:5; 4:11; 1 Timoteo 1:18; 4:14; Apocalipsis 11:6). Si eres partidario del continuismo y crees que todos los dones del Espíritu que menciona el Nuevo Testamento operan hoy, tal vez creas que la profecía del Nuevo Testamento era muy diferente a la del Antiguo Testamento. Si, en cambio, crees en la continuidad fundamental entre la profecía del Antiguo Testamento y la del Nuevo Testamento, eres probablemente un cesacionista, alguien que cree que algunos dones del Espíritu en el Nuevo Testamento fueron exclusivos de la era apostólica. En ambas visiones existe el deseo de distanciar el lenguaje congregacional actual de la clase de lenguaje que encontramos en Isaías o Jeremías, del tipo "así dice el Señor". La diferencia es si el lenguaje tal y como existe en la actualidad es un tipo de profecía diferente o algo completamente diferente de la profecía como tal. Si la profecía murió con los

---

son sólidos. En ningún testimonio textual faltan los versículos, y la edición más reciente del Nuevo Testamento griego considera el texto tradicional casi seguro. Véase Ciampa y Rosner, *First Epistle to the Corinthians*, 1148-1150.

apóstoles, determinar lo que está permitido para las mujeres según las prácticas proféticas en Corinto pierde su importancia. Aun así, en esta visión cesacionista (que yo sostengo), 1 Corintios 11 habla acerca de las mujeres que oran, de modo que la cuestión acerca de hablar (capítulo 11) o callar (capítulo 14) todavía es relevante.

Cualquiera sea nuestra idea de la profecía del Nuevo Testamento en relación con la profecía del Antiguo Testamento, es indudable que la enseñanza y la profecía en la iglesia primitiva no eran tipos de lenguaje idénticos. Como veremos más adelante, aunque los ancianos no necesitan el don de profecía, deben ser capaces de enseñar (1 Timoteo 3:2). De igual modo, aunque los primeros pastores pudieron o no haber sido profetas, sin duda eran maestros (1 Timoteo 4:11; 5:17; 6:2; 2 Timoteo 2:2; Tito 1:9; 2:1-10). A diferencia de la profecía, la enseñanza o transmisión de la fe apostólica cuando se explicaban y aplicaban las Escrituras era una instrucción revestida de autoridad.

Esto no quiere decir que la profecía no haya jugado un papel importante en la iglesia o que no haya comunicado una revelación de parte del Señor, sino que tenía que ser examinada y filtrada (1 Tesalonicenses 5:20-21). Si consideras que la profecía del Nuevo Testamento era una comunicación falible de una verdad infalible, el "examen" podría referirse a los elementos individuales de la comunicación profética. Si consideras que la profecía del Nuevo Testamento era semejante a la del Antiguo Testamento (Hechos 11:27-29; 21:10-12; cf. 28:17), "examen" podría referirse a discernir entre profecías verdaderas o falsas como un todo, no elementos verdaderos o falsos. En cualquier caso, la mayoría de los comentaristas coinciden ahora en que 1 Corintios 14:34-35 se refiere a filtrar las palabras de los profetas, una actividad que podía incluir el escrutinio de la vida del profeta y el examen de las palabras y la conducta del profeta.[8] Esta clase de actividad no era permitida a las mujeres, quienes debían, en cambio, preguntar a su marido o al

---

8. Cf. Thiselton, *First Epistle to the Corinthians*, 1156, 1158.

marido de otra mujer. Una esposa no puede sujetarse a su marido al tiempo que le pide a él someterse al juicio de ella acerca de la profecía que él pronuncia. Pablo no permitió a las mujeres hablar en este contexto, sino que alentó a las esposas a hacer en casa las preguntas tocantes al examen de sus esposos.

Todo esto para decir que el mandato para las mujeres de callar debe entenderse en su contexto. Así como el mandato de callar para el que habla en lenguas no le prohíbe por completo pronunciarse en la iglesia (14:28), el mandato de callar para las mujeres no da por hecho que en todas las situaciones deban guardar silencio. La situación explícita en la que las mujeres deben callar es cuando se examinan las profecías. Esa clase de evaluación habría significado la enseñanza y el ejercicio de autoridad (sobre otros profetas), dos actividades que Pablo sistemáticamente niega a las mujeres. Si las mujeres tienen preguntas acerca del examen de las profecías, deben formularlas a sus maridos en casa, no sea que violen el principio de la sumisión y traigan deshonra sobre sí (14:34-35).

Lo que esto significa hoy en la práctica requiere sabiduría y conciencia del contexto. Como mínimo, las iglesias que no permiten a las mujeres hablar bajo ninguna circunstancia están contradiciendo las instrucciones de las Escrituras. En mi ministerio de pastor he tenido la dicha de incluir mujeres en los cultos de adoración para contar sus testimonios, dar un anuncio, o elevar una oración. En función del tamaño y de la formalidad de la iglesia puede ser más fácil incluir los aportes de las mujeres (y hombres que no han sido ordenados) en grupos pequeños. También he procurado estar atento a la manera en que funcionan los diferentes elementos en el culto de adoración en una congregación determinada. Por lo general, la tradición en mi iglesia es designar a uno de los pastores para dirigir una larga oración de intercesión. Sin embargo, he invitado a mujeres a orar en los cultos de adoración en contextos más específicos o menos formales. Como regla general, creo que la mayoría de los pastores a favor de la complementariedad podrían desempeñar una mejor labor si encontraran maneras bíblicas de incluir la participación femenina en las reuniones para orar, para contar un testimonio de la gracia de Dios o para comunicar una palabra de aliento.

5

Un matrimonio hecho en el cielo

Efesios 5:22-33

EN EL AÑO 2004, el presidente George W. Bush nominó a J. Leon Holmes para servir en la corte del distrito federal de Arkansas. Holmes se convirtió en un candidato polémico cuando se descubrió que en 1997 había escrito, junto con su esposa, un artículo en la revista *Arkansas Catholic Review* en el que afirmaron que "la esposa debe subordinarse al esposo... la mujer debe ponerse bajo la autoridad del hombre".[1] Holmes alegó que las palabras habían sido sacadas de contexto. La senadora Dianne Feinstein se opuso a la nominación de Holmes, y preguntó: "¿Cómo puedo yo o cualquier estadounidense creer que alguien que está convencido de que una mujer está subordinada a su esposo [pueda] interpretar

---

1. Todas las citas en este párrafo fueron tomadas de "Women Balk at Controversial Nominee", sitio web de *Fox News*, 10 de julio de 2004, http://www.foxnews.com/printerfriendlystory/0,3566,124885,00.html. Mientras terminaba la última revisión de este libro, descubrí que se usaron las mismas objeciones contra la nominación de Amy Coney Barrett a la Corte Suprema de Justicia debido a su conexión con posiciones católicas conservadoras acerca del liderazgo masculino en el hogar.

equitativamente la Constitución?". Los senadores republicanos Susan Collins, Lisa Murkowski y Kay Bailey Hutchinson también objetaron, arguyendo que Holmes no tenía "un compromiso fundamental con la igualdad de las mujeres en nuestra sociedad". Aunque Holmes al final fue confirmado por el senado con 51 votos contra 46, las objeciones presentadas por el senado en la primera década del siglo XXI están, sin duda, mucho más generalizadas en la actualidad.

Aunque pueda sonar arcaico, si no fundamentalmente ominoso, el diseño de Dios para el hogar es una esposa atenta, inteligente, amable y sumisa, y un esposo amoroso, piadoso, sacrificado y buen líder. Ya sea que vivamos en el primer siglo o en el siglo XXI, Efesios 5:22-33 es el plan de Dios para el matrimonio: esposas, estén sujetas a sus maridos; y esposos, amen a sus esposas.

Para revertir la maldición

Lo primero que hay que observar en el texto es cómo los mandatos generales para los maridos y las esposas se dirigen específicamente al punto relacionado con la caída. Los mandatos de sujetarse y de amar tienen como propósito revertir la maldición provocada en el huerto de Edén. El plan de Dios desde el principio era que la esposa ayudara y que el esposo liderara. No obstante, el pecado corrompió el diseño de Dios.

Según Génesis 3:16, la relación matrimonial después de la caída se volvió un campo de batalla y frustración. La inclinación de una esposa pecadora es rebelarse contra la autoridad de su esposo y tratar de controlarlo. El mandato de Pablo busca revertir los efectos de la maldición para que las esposas cristianas estén sujetas en vez de buscar usurpar.

De igual manera, tras corromperse por el pecado, los hombres, que se supone deberían liderar, proteger y proveer para sus esposas, las tratan con aspereza. La inclinación del hombre pecador es ejercer un dominio impío sobre su esposa. El mandato de Dios busca revertir los efectos de la maldición para que los esposos cristianos amen a sus esposas en lugar de dominarlas.

La esposa sumisa

¿Cómo funciona esto en la vida real? ¿Cómo se traducen los mandatos de Pablo en Efesios 5 a la vida dos mil años después? Podríamos resumir las responsabilidades de la mujer en el matrimonio de la siguiente manera: *Las esposas, en sujeción a sus esposos, apoyan, respetan y siguen a sus esposos como al Señor.* Examinemos detalladamente la frase.

Fíjate en la última parte, "como al Señor". La motivación para la obediencia a este mandato es Cristo. Los esclavos deben obedecer a sus amos terrenales como obedecerían a Cristo (6:5). Los hijos deben obedecer a sus padres en el Señor (6:1). La sujeción es parte de lo que significa ser una esposa cristiana piadosa, llena del Espíritu.

Sin embargo, debemos ser cuidadosos. "Como al Señor" no significa que las esposas deban someterse a sus esposos exactamente de la misma forma en que obedecen a Cristo. Pablo nunca llama a las esposas siervas de sus esposos, como lo hace de sí mismo llamándose siervo o esclavo (*doúlos*) de Cristo (Romanos 1:1). Cristo es la absoluta y suprema autoridad, y toda autoridad solo se deriva de Él. De modo que, cuando Pablo dice que las esposas deben sujetarse a sus maridos en todo (Efesios 5:24), debemos permitir que las Escrituras se interpreten a sí mismas. "En todo" no anula todos los otros mandatos en Efesios. Las esposas no deben robar, reñir, calumniar ni ceder a toda clase de impureza solo porque sus esposos lo digan. La autoridad del esposo no está por encima de la autoridad de Cristo. La sujeción al esposo y la obediencia a los padres, a los amos y a las autoridades gubernamentales no significan obedecer al punto de desobedecer a Dios (Hechos 5:29).

> El diseño de Dios para el hogar es una esposa atenta, inteligente, amable y sumisa, y un esposo amoroso, piadoso, sacrificado y buen líder.

Sin embargo, no debemos dar una interpretación contraria a lo que Pablo dice realmente. Él *sí* ordena sujeción, y no sobre la base de las arenas movedizas de la cultura, ni siquiera partiendo del amor del marido. Él fundamenta el mandato en dos principios teológicos inalterables. Primero, que el marido es cabeza de la mujer. Y, segundo, que "como la iglesia está sujeta a Cristo, así también las casadas lo estén a sus maridos en todo" (Efesios 5:24). En virtud de estas dos realidades, el hombre como cabeza en el orden creado y la analogía de Cristo y la iglesia, la esposa debería sujetarse libremente a su marido.

Y no pases por alto la palabra *libremente*. El mandato es para la esposa, no para el marido. Al hombre nunca se le ordena sujetar a la esposa. Antes bien, a la esposa se le ordena sujetarse por voluntad propia a su marido. Es una sujeción que se da libremente y que nunca se toma a la fuerza.

La sujeción en la vida real

Veamos de nuevo la frase que resume la responsabilidad de la mujer: En sujeción a sus maridos, las esposas deben apoyar, respetar y seguirlos como al Señor. Uso tres verbos para describir la sumisión que se entrega libremente: *apoyar, respetar* y *seguir*. Permíteme hablar por un momento como pastor y dirigirme a la esposa con cada una de estas palabras.

Si eres esposa, *apoya* a tu marido. Dios te hizo para ser ayuda para tu esposo (Génesis 2:18). Haz lo que esté a tu alcance para animarlo como esposo, padre y trabajador. Acompáñalo, no para controlarlo ni para ser reconocida por tu servicio (aunque tu marido debería reconocerlo), sino para ayudarlo. Yo considero apropiado, en la mayoría de los casos, que la esposa permita que la vocación del esposo tome prelación sobre la suya. Sé que esta no es una idea popular. Sin embargo, creo que es una aplicación razonable de lo que significa ser ayuda. Cuando una pareja no logra compaginar las carreras de ambos, creo que la esposa debería estar dispuesta a decir "quiero ser ayuda y apoyarte".

Esposa, *respeta* a tu marido. Un hombre puede ser promovido o derribado en el trabajo, pero las palabras que en realidad lo pueden fortalecer o quebrar son las de su esposa. Da a tu esposo respeto incondicional (lo cual no es lo mismo que soportar maltrato incondicionalmente), tal y como él debe manifestarte amor incondicional. "Cada uno de vosotros ame también a su mujer como a sí mismo; y la mujer respete a su marido" (Efesios 5:33). El esposo debe amar a su esposa independientemente de lo encantadora que ella sea, porque ella es como la iglesia para él. Y la esposa debe respetar a su marido sin importar cuán digno de respeto sea él, porque él es como Cristo para ella. Piensa en la manera en que las mujeres santas en el pasado depositaron su esperanza en Dios para embellecerse. Ellas fueron sujetas a sus esposos, como Sara, que obedeció a Abraham y lo llamó señor (1 Pedro 3:5-6). En nuestra cultura sería extraño llamar a tu esposo "señor", pero si quieres ser verdaderamente hermosa, tu actitud hacia tu marido debe ser como la de Sara hacia Abraham.

Por último, como esposa, *sigue* a tu marido. Responde a su iniciativa. No lo cuestiones todo el tiempo. Por supuesto que puedes tener una opinión y no debes temer comunicarla, pero no busques socavar la autoridad que él ejerce debidamente. Mientras tu esposo no esté pecando contra ti o incitándote a pecar, síguelo.

Pienso especialmente en lo que significa seguir a tu esposo como líder espiritual. En este capítulo podría mencionar a mi esposa como ejemplo a muchos niveles, pero en esta área me siento especialmente afortunado. No recuerdo una sola vez que mi esposa me haya dicho "no" o me haya desanimado cuando he sugerido que oremos, cantemos un himno, leamos un libro juntos, estudiemos la Biblia o vayamos a la iglesia. ¡Qué bendición es tener una esposa que respalda con gozo mis intentos, aunque imperfectos, de ejercer liderazgo espiritual!

Como toda pareja, Trisha y yo hemos tenido tropiezos. Sin embargo, yo siempre he sentido que me respeta Yo me siento infinitamente bendecido por tener una esposa que está dispuesta a seguir con la actitud más amable, inteligente, firme y tierna a la vez. En tres ocasiones he trasladado mi familia de lugares que amábamos, donde teníamos amigos y todo era conocido, a lugares extraños y desconocidos, en especial para mi esposa. Y cada vez, cuando nos mudamos de Massachusetts a Iowa, de Iowa a Michigan y de Michigan a Carolina del Norte, mi esposa se sintió profundamente triste por tener que irse (yo también). En cada ocasión caminamos y oramos mucho juntos. Y cada vez, cuando llegaba el momento de tomar una decisión, mi esposa me decía: "Kevin, tú sabes que no quiero irme, pero sabes también que voy a aceptar tu decisión, sea cual sea". Habría sido muy doloroso para ambos si la actitud de mi esposa hubiera sido: "No voy a mudarme a ese lugar desconocido. No quiero tanta nieve. No voy a dejar a mis amigas". En lugar de eso, ella me honró, me respetó y me siguió más de lo que yo merecía.

El marido amoroso

¿Y qué de los hombres? ¿Qué tiene Pablo para decirles? Podríamos resumir las responsabilidades del hombre en el matrimonio de la siguiente manera: *Los esposos, en amor a sus esposas, las guían, se sacrifican por ellas y las cuidan como Cristo a la iglesia.*

Empecemos de nuevo por la última frase "como Cristo a la iglesia". La motivación para amar es, como vemos, amar. La esposa debe sujetarse a su esposo porque él es, en cierto sentido, como Cristo para ella. Y el esposo debe amar a su esposa por la misma razón, porque él es, en cierto modo, como Cristo para ella. Si eres hombre, tu mandato número uno en el matrimonio es amar como Jesús. Así lo expresó John Witherspoon, pastor presbiteriano y fundador estadounidense hace 250 años: "Si la superioridad y la autoridad han de ser dadas al hombre, deben usarse con tal delicadeza y amor que se logre la mayor igualdad posible".[2]

---

2. John Witherspoon, "Lectures in Moral Philosophy", en *The Selected Writings of John Witherspoon*, ed. Thomas Miller (Carbondale, IL: Southern Illinois University Press, 1990), 196.

El verbo *amar*, al igual que el verbo *sujetarse*, expresan algo que se da, no que se toma. La esposa no manipula ni exige amor de su esposo. El esposo manifiesta amor a su esposa de manera incondicional y libre. En ambos mandatos, sujetarse y amar, la esencia es lo que se da, no lo que se gana. El problema con muchos libros acerca del matrimonio es que se centran en lo que necesitamos sacar de provecho del matrimonio, en lugar de lo que necesitamos dar en el matrimonio. He leído libros cristianos sobre el matrimonio que apelan únicamente al interés propio. Nos explican muy bien cómo ser amados, cómo se pueden satisfacer nuestras necesidades, cómo pueden llenarse nuestra necesidad de amor. Si bien estos libros pueden ofrecer algunos consejos de sentido común, la filosofía de base es "yo te rasco la espalda porque luego tú rascarás la mía". La mentalidad es amar para ser amado. Sin embargo, Jesús dice: "si amáis a los que os aman, ¿qué recompensa tendréis? ¿No hacen también lo mismo los publicanos?" (Mateo 5:46). El enfoque cristiano del matrimonio no es tanto "las necesidades de él y las necesidades de ella", sino "la oportunidad de él de honrar a Cristo y la oportunidad de ella de honrar a Cristo". La esposa se sujeta como al Señor y el esposo ama como Cristo a la iglesia.

El amor en la vida real

¿Cómo, pues, funciona esto? Ya he citado tres verbos para describir el amor que se da libremente: *guiar*, *sacrificar* y *cuidar*. Permíteme volver a hablar directamente a los hombres con cada una de estas palabras.

Si eres marido, *guía* a tu esposa. Recuerdo que John Piper dijo en más de una ocasión que el esposo debe ser quien invite con más frecuencia a hacer algo. Ese simple consejo siempre me ha acompañado. "Querida, salgamos a caminar". "Oremos juntos". "Acostemos a los niños". Como hombre, toma la iniciativa. No se trata de tomar todas las decisiones ni de creer que hacer caso a lo que dice tu esposa sea una señal de debilidad. Una vez más, John

Witherspoon lo expresa bien: "Por tanto, me tomo la libertad de rescatar de entre algunos que han quedado relegados, aquellos que piden el consejo de sus esposas y, en la mayoría de los casos, siguen las instrucciones de ellas, cuando realmente aquellos consejos e instrucciones son mejores que los suyos".[3] A veces los buenos líderes siguen a otros, y los seguidores capaces a veces tienen la oportunidad de liderar. Lo importante acerca de la iniciativa es que sea la actitud del hombre, su disposición a planear, asumir riesgos y estar plenamente involucrado en la relación matrimonial.

Esto es especialmente cierto en lo concerniente al liderazgo espiritual. Los esposos cristianos pueden ser proactivos y asertivos cuando se trata de ganar dinero, enfrentar problemas laborales, cultivar pasatiempos, pero, cuando se trata del liderazgo amoroso en el hogar, con demasiada frecuencia son pasivos. Asumen cero responsabilidades por el bienestar espiritual de su hogar.

Dios pide cuentas a los hombres por el bienestar espiritual de sus esposas.

No obstante, Dios pide cuentas a los hombres por el bienestar espiritual de sus esposas. "Maridos, amad a vuestras mujeres, así como Cristo amó a la iglesia, y se entregó a sí mismo por ella, para santificarla, habiéndola purificado en el lavamiento del agua por la palabra, a fin de presentársela a sí mismo, una iglesia gloriosa, que no tuviese mancha ni arruga ni cosa semejante, sino que fuese santa y sin mancha" (Efesios 5:25-27). Yo tengo parte de la responsabilidad de la santidad de mi esposa. El matrimonio de Trisha conmigo debe ser un instrumento de edificación, purificación y santificación.

Ser un líder espiritual significa tomar la iniciativa de reparar la brecha cuando la relación ha sufrido daños. Si Cristo ama a la iglesia, su novia desobediente, y continuamente la enamora para

3. John Witherspoon, "Letters on Marriage", en *The Works of the Rev. John Witherspoon*, 4 vols., 2a ed. (Filadelfia: Woodward, 1802), 4:168.

rescatarla de sus adulterios espirituales, ¿cuánto más deberías tú conquistar a tu esposa después de un desacuerdo cuando la mayor parte del tiempo de todos modos es culpa tuya? El cien por ciento es siempre culpa de la iglesia. Y nunca el cien por ciento es culpa de tu esposa. Los esposos deben dar el primer paso hacia la reconciliación cuando el matrimonio se ha apagado por causa de heridas y decepciones.

Como esposo, *sacrifícate* por tu esposa. Tal vez lo más importante para tu matrimonio es que entiendas la doctrina de la expiación. Jesús murió por la iglesia. Tu liderazgo como esposo es un liderazgo que se sacrifica por el otro.

Esto puede traducirse en pequeños detalles: regresar a casa temprano, hacerte cargo de los niños, participar gustosamente en algo que ella disfruta hacer, pasar por alto una ofensa, hacer diligencias, reparar algo que está dañado en la casa, ordenar la casa. Pero amar a tu esposa también puede significar hacer grandes sacrificios. Tal vez tengas que abandonar las ambiciones profesionales con el propósito de ser un buen esposo. Tal vez tengas que renunciar a tus esperanzas y sueños a fin de cuidar a tu esposa enferma o lesionada. Tal vez tengas que sacrificar la casa grande o el mejor vecindario y adoptar un estilo de vida más sencillo para que tu esposa pueda quedarse en casa con los hijos. Crisóstomo tenía razón cuando exhortó a los maridos a entregar sus vidas por sus esposas: "Aunque tengas que entregar tu vida por ella y ser cortado en pedazos diez mil veces, y soportar y padecer toda clase de sufrimiento, no lo evites. Aunque debas soportar todo esto, ni siquiera entonces habrás hecho algo parecido a lo que hizo Cristo".[4]

Por último, como esposo, *cuida* a tu esposa. Atesórala como tu propio cuerpo (Efesios 5:28). Ella no es simplemente tu compañera. Ella es tu otra mitad, tu propia carne y hueso. Tú no maltratas tu

---

4. John Chrysostom, *Chrysostom: Homilies on Galatians, Ephesians, Philippians, Colossians, Thessalonians, Timothy, Titus, and Philemon*, vol. 13, *Nicene and Post-Nicene Fathers* (Peabody, MA: Hendriksen, 2004), 144.

cuerpo, sino que lo cuidas, lo proteges, lo nutres. De igual manera, atesora y cuida a tu esposa. "Maridos, amad a vuestras mujeres, y no seáis ásperos con ellas" (Colosenses 3:19). No vas a darte un puño en tu propia cara; por tanto, con esa misma disposición, no trates con aspereza a tu esposa. Calvino dijo: "El hombre que no ama a su esposa es un monstruo".[5] Suple las necesidades de ella de alimento, vestido y seguridad. No existe una ley que prohíba a la esposa ganar más dinero que su esposo, pero sí existe este mandamiento para los esposos de alimentar y cuidar a sus esposas.

Tu esposa debe sentirse segura en tu provisión y protección de ella. Como escribió Edgar Rice Burroughs en *Tarzán de los monos* cuando el personaje principal vio por primera vez a Jane Porter: "Él supo que ella había sido creada para ser protegida, y que él había sido creado para protegerla".[6] Este sentimiento puede parecer curioso a muchos en la actualidad, por no decir abiertamente sexista. Sin embargo, existen cosas mucho peores que hombres que tienen el profundo sentimiento de que las mujeres deben ser protegidas y no explotadas, defendidas y no humilladas, tratadas con una honra especial en lugar de recibir un trato ordinario. De hecho, Mary Eberstadt sostiene que la revolución sexual, con su actitud permisiva hacia el sexo y su insistencia en afirmar que hombres y mujeres son los mismo en lo concerniente al sexo, ha dejado a las mujeres en un estado de vulnerabilidad y frustración. "La retórica enfurecida, petulante y malhablada del feminismo promete a las mujeres lo que muchas no pueden encontrar por ninguna parte: *protección*".[7] Más que nunca, las mujeres necesitan saber que los

---

5. John Calvin, *Commentaries on the Epistle of Paul to the Ephesians*, vol. 21, Calvin's Commentaries, trad. W. Pringle (Grand Rapids, MI: Baker, 1993), 322.

6. Edgar Rice Burroughs, *Tarzan of the Apes* (Nueva York: Modern Library, 2003), 143.

7. Mary Eberstadt, *Primal Screams: How the Sexual Revolution Created Identity Politics* (West Conshohocken, PA: Templeton Press, 2019), 75.

hombres *van a* tratarlas bajo parámetros diferentes y van a procurar su bienestar por encima del suyo propio.

Quizás haya algo de cierto en todas esas historias caballerescas acerca del hombre que pelea por el honor de la mujer, que la defiende a toda costa y la trata como una reina. En el libro *Retorno al pudor*, la escritora judía Wendy Shalit comenta acerca de las reglas de etiqueta del pasado; reglas como "un hombre siempre abre la puerta para una mujer", "un hombre ayuda a llevar los paquetes o las maletas de una mujer", "un hombre se pone de pie cuando entra una mujer", "si una mujer deja caer su pañuelo en la calle, el hombre lo recoge", o "nunca te adelantes a ocupar un asiento disponible cuando hay una mujer presente, ya sea joven o mayor". Shalit reconoce que "se puede criticar estas reglas como sexistas y muchos lo han hecho". Sin embargo, también afirma: "Lo cierto es que un hombre que observaba todas estas reglas era un hombre que trataba a una mujer con respeto, un hombre que era incapaz de ser un patán". Las mujeres no deberían ser tratadas como hombres, sino de una manera diferente, como mujeres. En consecuencia, "bajo la óptica anterior, si no tratabas a las mujeres con consideración, no eras realmente un hombre".[8]

Si, por regla general, los hombres deben tratar a las mujeres con especial cuidado y amabilidad, ¡cuánto más debemos hacerlo con nuestras propias esposas! D. L. Moody señaló una vez: "Si yo quisiera descubrir si un hombre es o no un cristiano, no le preguntaría a su pastor. Iría y le preguntaría a su esposa... Si un hombre no trata bien a su esposa, no quiero oírle hablar de cristianismo"[9]. ¿Te sentirías cómodo al incluir a tu esposa como referencia de tu caminar cristiano? Olvida todas las maneras en que la cultura confunde amor con sentimientos y euforia. ¿Podría tu esposa mirarte

---

8. Wendy Shalit, *A Return to Modesty* (Nueva York: Free Press, 1999), 144-145. Publicado en español por Rialp con el título *Retorno al pudor*.

9. D. L. Moody, *The Overcoming Life and Other Sermons* (Chicago: Bible Institute Colportage Association, 1896), 13-14.

a los ojos y decir con toda sinceridad y ternura: "Querido, tú me amas bien, como Cristo a la iglesia"?

El fin supremo: la gloria de Dios

Concluyo entonces donde termina este pasaje de Efesios 5:22-33, con la analogía entre Cristo y la iglesia. Si las esposas no se sujetan a sus esposos como al Señor, y los esposos no aman a sus esposas como Cristo amó a la iglesia y se entregó a sí mismo por ella, ¿cómo funciona la analogía en el versículo 32? El matrimonio es una figura de Cristo y la iglesia. Si no existe una distinción en cómo nos relacionamos con el otro, si no existe un orden, un liderazgo de sacrificio personal, ni una sujeción gozosa, nos queda Cristo con Cristo o la iglesia con la iglesia.

Dios está tratando de revelarnos algo en nuestros matrimonios. Si rechazamos la diferenciación sexual, robamos el brillo a la esencia misma del matrimonio. Sí, Dios creó el matrimonio para que haya compañía, sexo e hijos, pero ante todo lo creó para revelar este profundo misterio de Cristo y la iglesia. Este es un llamado sublime. Su plan es que cuando el mundo mire a un esposo y a una esposa en una relación de sujeción apacible y gozosa y un liderazgo amoroso y sacrificado, pueda ver con claridad la imagen de la belleza que existe en la relación entre Cristo y su iglesia. Está en juego nada menos que la absoluta gloria de Dios.

6

El meollo del asunto

1 Timoteo 2:8-15

DADO QUE ESTA SECCIÓN basada en 1 Timoteo es, en muchos sentidos, el meollo del asunto, y que literalmente casi todo lo que se dice constituye motivo de conflicto, avanzaré de manera metódica a lo largo del pasaje, con una exposición versículo a versículo.

Contexto

Algunos consideran que la ubicación de Timoteo en Éfeso es muy significativa. Algunos académicos afirman que Éfeso era un semillero de feminismo radical, que el culto a la diosa Diana tipificaba el principio feminista que saturaba la ciudad del primer siglo. Con base en la percepción de este trasfondo se argumenta que la situación de 1 Timoteo era única y que los mandatos de Pablo se limitaban al feminismo extremo y generalizado en la cultura inmediata.

El problema con esta reconstrucción es que es más ficción que hecho. Éfeso era una ciudad greco-romana bastante típica.[1] Los

---

1. Esta breve reconstrucción de Éfeso por cortesía de la obra de S. M. Baugh "A Foreign World: Ephesus in the First Century", en *Women in the Church: An*

EXPLORACIÓN BÍBLICA

elementos políticos, culturales y religiosos eran comunes. Al igual
que en otras ciudades antiguas, los magistrados de Éfeso eran hombres. De igual modo, los grupos cívicos de Éfeso eran dominados
por hombres. Y, como era de esperarse, el clima que reinaba era
politeísta. Por toda la ciudad, los templos y las casas tenían múltiples dioses y diosas. Si bien era común la presencia de sacerdotisas
en las ciudades griegas, la mayoría de las deidades en Éfeso eran
atendidas por sacerdotes varones.

En efecto, Éfeso era famosa como la ciudad de la diosa Diana
(Hechos 19:35) y, sin duda, había mujeres que participaban, al
igual que los hombres, en los rituales religiosos. Sin embargo, la
descripción de Diana de los Efesios en Hechos 19 nada dice que nos
haga pensar que existiera una cultura protofeminista que influen-
ciara la congregación de Timoteo. De hecho, todos los personajes
principales que menciona Lucas eran hombres, como Demetrio,
que hacía templos de plata de Diana (19:24). Además, Pablo se
dirigió a la multitud como "varones" (19:25; cf. 19:35); las autoridades de Asia (oficiales de alto rango en la provincia) habrían sido
hombres (19:31), al igual que el escribano de la ciudad (19:35). La
descripción bíblica de Éfeso no ofrece indicación alguna de que
los hombres no estuvieran a cargo de los recursos y las actividades
religiosas en el templo de Diana, como era el caso en los centros
religiosos a todo lo largo y ancho del mundo antiguo.

Éfeso simplemente no era un lugar feminista radical. Se elogiaba
a las mujeres privilegiadas de la ciudad por su recato y devoción
a sus maridos. Los roles que desempeñaban las mujeres, tanto
buenos como malos, no diferían de los que operaban en otras
ciudades antiguas: esposas, madres, campesinas, administradoras
del hogar, prostitutas y adivinas. Esto no da a entender que Éfeso
fuera especialmente dura hacia las mujeres. Solo quiere decir que,

Analysis and Application of 1 Timothy 2:9-15 (tercera edición), ed. Andreas J.
Köstenberger y Thomas R. Schreiner (Wheaton, IL: Crossway, 2016), 25-64.

en términos de roles de género, la ciudad del primer siglo era como todas las demás.

Además, sin importar cómo fuera Éfeso exactamente, no debemos considerar el enfoque de Pablo en 1 Timoteo como limitado o estrecho. Él escribe "para que si tardo, sepas cómo debes conducirte en la casa de Dios, que es la iglesia del Dios viviente" (1 Timoteo 3:15). A manera de aclaración, cada escrito está condicionado por sus destinatarios. Con todo, si bien Pablo trata problemas específicos (como lo hace en todas sus cartas), nunca sugiere que los principios allí establecidos estén limitados por la cultura. Antes bien, como señala 1 Timoteo 3:15, Pablo tiene un interés más amplio en cómo los creyentes se conducen en la casa de Dios, sin importar dónde se encuentren.

Pablo empieza este pasaje con instrucciones acerca de la adoración, y se dirige a los hombres:

> Quiero, pues, que los hombres oren en todo lugar, levantando manos santas, sin ira ni contienda (1 Timoteo 2:8).

Los hombres deben levantar sus manos en oración. Sin embargo, el énfasis no es la postura corporal. En la Biblia, a veces la oración se hace de pie, a veces de rodillas, a veces en postración (1 Reyes 8:54; Salmo 95:6; Daniel 6:10; Mateo 26:39; Lucas 22:41; Hechos 9:40; Apocalipsis 11:16). El punto no es la postura corporal, sino la piedad. Los hombres deben orar con manos *santas, sin ira ni contienda*. Las instrucciones de Pablo se dirigen al interior, van de la apariencia en la oración a la actitud en la oración.

Pablo cambia luego su enfoque y se dirige a las mujeres. Manda a las mujeres que se vistan con decoro y luego añade tres instrucciones de aclaración:

> Asimismo que las mujeres se atavíen de ropa decorosa, con pudor y modestia; no con peinado ostentoso, ni oro, ni

perlas, ni vestidos costosos, sino con buenas obras, como corresponde a mujeres que profesan piedad (1 Timoteo 2:9-10).

Primero, las mujeres deben vestirse con pudor y modestia. Debe estar presente en su porte un sentido de decoro y mesura, y deben abstenerse de sensualidad. Segundo, las mujeres no deben vestirse con peinado ostentoso, oro, perlas ni vestidos costosos. Tales elementos alardean de riqueza y centran la atención en la belleza exterior y no "en el incorruptible ornato de un espíritu afable y apacible" (1 Pedro 3:4). Tercero, las mujeres deben vestirse con buenas obras. Como en el caso de los hombres, Pablo se dirige a la vida interior, pasando de la apariencia a la actitud. Su interés primordial es que las mujeres se adornen de manera acorde con el evangelio.

Estos dos versículos de 1 Timoteo 2:9-10 se han usado para negar todo lo demás que ordena Pablo respecto a las mujeres en el resto del capítulo de 1 Timoteo 2. Según esto, si el peinado ostentoso es algo cultural, los otros mandatos para las mujeres también deben serlo. No obstante, la prohibición acerca del peinado ostentoso y cosas similares está lejos de ser el punto esencial de Pablo. Solo aclara que las mujeres deben vestirse con decoro. El enfoque de Pablo se centra en la madurez interna que va acompañada del decoro externo. Un peinado ostentoso, oro, perlas y vestidos costosos no son males en sí mismos. El cielo está lleno de oro y perlas (Apocalipsis 21:18-21), y las vestiduras sacerdotales del Antiguo Testamento eran costosas y vistosas (Éxodo 28). El problema con estos elementos era abusar de ellos.

Esto se confirma en el pasaje similar en 1 Pedro 3:3-4, donde se les ordena a las mujeres: "Vuestro atavío no sea el externo de peinados ostentosos, de adornos de oro o de vestidos lujosos, sino el interno, el del corazón, en el incorruptible ornato de un espíritu afable y apacible, que es de grande estima delante de Dios". En sentido literal, Pedro no desaprobó cierto tipo de atavío, sino el acto de ataviarse como tal. Aun así, es evidente que las mujeres no deben ir a la iglesia sin ninguna clase de ropa (¡no es precisamente lo que Pedro intenta decir acerca del decoro!). El vestido no es el problema fundamental, aunque eso sea, en sentido literal, lo que menciona Pedro. El problema surge cuando ataviarse (o lucir perlas, oro y peinados ostentosos) se vuelve algo sensual u ostentoso. La preocupación de Pedro, como la de Pablo en 1 Timoteo, es que las mujeres se ocupen en embellecerse por dentro, no por fuera. Pablo continúa:

> La mujer aprenda en silencio, con toda sujeción (1 Timoteo 2:11).

En primer lugar, cabe decir que, al ordenar a las mujeres que aprendan, Pablo hace una afirmación contracultural. Algunos segmentos del judaísmo consideraban pecaminoso que las mujeres aprendieran siquiera las Escrituras. Pablo estaba en desacuerdo con eso. Él estaba dispuesto a que las mujeres aprendieran, siempre y cuando lo hicieran en silencio y en completa sujeción.

Silencio (2:12) no se refiere a algo humillante. Es una cualidad positiva de quien aprende (cf. Eclesiastés 9:17). Y como hemos visto en 1 Corintios 11 y 14, el silencio no es un mandato absoluto que abarca todos los aspectos de la adoración corporativa. En este texto, al igual que en 1 Corintios 14, silencio hace referencia al ministerio de enseñanza de la iglesia. En el contexto de la adoración corporativa, las mujeres no deben ser las que enseñan, sino quienes aprenden en silencio.

"En toda sujeción" esclarece la razón por la cual se espera que las mujeres callen. Deben cultivar un espíritu de sujeción, específicamente de la esposa a su marido (Efesios 5:22; Colosenses 3:18; Tito 2:5; 1 Pedro 3:1). En pocas palabras, una mujer que aprende en silencio abraza su rol de sujeción y honra el diseño de Dios para los sexos.

Porque no permito a la mujer enseñar, ni ejercer dominio
sobre el hombre, sino estar en silencio (1 Timoteo 2:12).

Los versículos 11 y 12 conforman una sola unidad. La idea central,
que las mujeres deben guardar silencio, encierra el sentido de la
unidad como dos sujetalibros. Así pues, el mandato a guardar
silencio y a la sujeción empiezan en el versículo 11, y el mandato
a guardar silencio concluye el versículo 12. En medio de estos
tenemos una explicación de lo que significa para las mujeres aprender en silencio y estar en toda sujeción. Las mujeres no deberían
enseñar (para acatar el mandato de guardar silencio) y no deberían
tener autoridad sobre un hombre (para acatar el mandato de toda
sujeción).

"No permito..."

Algunos arguyen que puesto que el verbo "permitir" (*epitrépo*) está
en tiempo presente, deberíamos realmente entender que Pablo dice:
"en este momento no permito a la mujer enseñar", lo cual implica
que "podría permitir a una mujer enseñar en otro momento". Sin
embargo, esta no es una comprensión razonable de la gramática.
Si los verbos en tiempo presente solo tienen peso en el momento
en el que fueron escritos, gran parte del Nuevo Testamento no
tendría significado. Solo en las epístolas pastorales hay 111 verbos
en tiempo presente, como encontramos aquí en el versículo 12,
donde dice "permito". Si estos verbos no se proyectan más allá del
público inicial de Pablo, Dios ya no "quiere que todos los hombres
sean salvos" (1 Timoteo 2:4), el "misterio de la piedad" ya no es
grande (1 Timoteo 3:16) y ya no hay "gran ganancia" en la piedad
acompañada de contentamiento (1 Timoteo 6:6).

"a la mujer enseñar..."

Algunos han aducido que Pablo solo está ordenando a las mujeres
que eviten enseñar el error (por falta de instrucción, ¿no es así?),

pero que otros tipos de enseñanzas eran permitidos. Este razonamiento suena plausible, pero no funciona.

En primer lugar, el versículo no dice nada acerca de enseñar errores o de mujeres sin instrucción; simplemente dice: "No permito a la mujer enseñar". Además ¿cuán ignorantes podían ser las mujeres efesias si Pablo enseñó día y noche en sus congregaciones durante tres años (Hechos 20:31)?

En segundo lugar, Pablo no usa el término relativo a la falsa enseñanza (*heterodidaskaléo*) como en 1 Timoteo 1:3 y 6:3. Él usa la palabra "enseñar" (*didáskein*). A excepción de Tito 1:11, donde el contexto apunta inequívocamente a la falsa enseñanza, en las epístolas pastorales *didáskein* se emplea en un sentido positivo de enseñar la verdad del evangelio o el mensaje apostólico (cf. 1 Timoteo 4:11; 6:2; 2 Timoteo 2:2).

En tercer lugar, ¿por qué prohibiría Pablo a las mujeres y no a los hombres enseñar errores, especialmente cuando los falsos maestros que menciona por nombre en las epístolas pastorales son todos hombres (Figelo, Hermógenes, Himeneo, Fileto, Demas y Alejandro el calderero)?

"ni ejercer dominio sobre el hombre..."

Se ha discutido mucho acerca del significado de la palabra griega *authentein* (la forma infinitiva del verbo *authentéo*) traducida "ejercer dominio" en la Reina-Valera de 1960. Algunos académicos sugieren que *authentein* debería traducirse "dominar", que es el sentido que sugiere la versión King James en inglés: "usurpar la autoridad". Si *authentein* significa eso, es posible que Pablo no esté prohibiendo a las mujeres "tener o ejercer autoridad", sino simplemente obtenerla de manera incorrecta. Esto daría un gran giro al significado del texto.

Sin embargo, una traducción más probable es simplemente "tener o ejercer autoridad" (NTV, LBLA, NBLA). Estas traducciones son mejores a la luz de las siguientes consideraciones.

Primero, sería extraño para Pablo advertir a las mujeres contra usurpar la autoridad y no a los hombres, dado que él está escribiendo a un hombre y que los falsos maestros que conocemos eran hombres (véase la lista anterior).

Segundo, la enseñanza y la autoridad están relacionadas de manera tan estrecha en este versículo que ambas deben aparecer en un sentido negativo o positivo. La frase "no permito a la mujer enseñar, ni ejercer dominio sino estar en silencio" se expresa de forma sintáctica: (1) un verbo finito en negación + (2) infinitivo + (3) *oude* (ni) + infinitivo + (4) *alla* (sino) + infinitivo. Estudios recientes han mostrado que cuando se usa este patrón en el Nuevo Testamento (Hechos 16:21), o cuando un patrón similar se emplea en el resto del Nuevo Testamento sin verbos infinitivos (otros cuarenta y dos pasajes), las dos actividades o conceptos son ambos positivos o negativos.[2] De modo que existen dos posibilidades: o Pablo está prohibiendo a las mujeres enseñar error y usurpar la autoridad, o les está prohibiendo completamente enseñar y ejercer autoridad sobre los hombres. Lo último es el caso, porque (1) *didaskein* se emplea casi siempre en sentido positivo en las epístolas pastorales, (2) no hay objeto después de *didaskein* (como "error" o "falsedad", y (3) 1 Timoteo 2:13-14, que da a Pablo razones para el mandato (versículo 13 especialmente) sobraría si él solo estuviera prohibiendo enseñar error y usurpar la autoridad.

Tercero, donde se usa *authentéo* fuera del Nuevo Testamento (solo se usa en este versículo en el Nuevo Testamento) no significa "dominar" o "usurpar autoridad". Puede significar mandar, controlar, actuar de manera independiente o ser responsable, pero no encierra el sentido negativo de "usurpar" o "dominar". La palabra se usa de formas diferentes, pero el concepto unificador es el de la autoridad entendida en un sentido neutral o positivo.[3]

2. Véase Andreas J. Köstenberger, "A Complex Sentence: The Syntax of 1 Timothy 2:12", en *Women in the Church*, 117-161.
3. Véase la defensa final de esta conclusión en Al Wolters, "The Meaning of Αὐθεντέω", en *Women in the Church*, 65-115.

Al final, la mejor opción es pensar que "no enseñar" y "no tener autoridad sobre el hombre" constituyen la explicación de lo que significa para una mujer aprender en silencio (sin enseñar) y en toda sujeción (sin autoridad sobre los hombres). Así pues, el versículo 12 puede sintetizarse de la siguiente forma: "Dios desea que las mujeres estén en silencio y sujeción en la iglesia, lo cual significa que las mujeres no deberían ser maestras en público sobre los hombres ni ejercer autoridad sobre los hombres". Se trata de dos mandamientos, no de uno solo. Dicho de otra manera, Pablo no solo se opone a la enseñanza en una posición de autoridad (¿lo cual permitiría tal vez la enseñanza sin autoridad?), sino que prohíbe a las mujeres hacer dos cosas, diferentes pero relacionadas, en la iglesia: enseñar directamente a los hombres y ejercer autoridad sobre los hombres.

Después de formular el principio ("La mujer aprenda en silencio, con toda sujeción") y de explicarlo más en detalle ("no permito a la mujer enseñar, ni ejercer dominio sobre le hombre"), Pablo respalda su argumento con dos razones:

> Porque Adán fue formado primero, después Eva; y Adán no fue engañado, sino que la mujer, siendo engañada, incurrió en transgresión (1 Timoteo 2:13-14).

La palabra "porque" (*gar*) nos informa que Pablo va a presentarnos sus razones para lo que ha dicho en los versículos 11 y 12. En el Nuevo Testamento, *gar* expresa con mayor frecuencia causa o razón. En las epístolas pastorales se emplea treinta y tres veces, de las cuales treinta expresan causa. A pesar de este hecho, algunos académicos prefieren considerar que este "porque" del versículo 13 se emplea más a manera de ilustración que de causalidad. Es decir, creen que Pablo presenta una ilustración de su principio y no razones para este. Para ser justos, es posible gramaticalmente que el uso de Pablo de "porque" en el versículo 13 sea solo ilustrativo, pero el hecho de que Pablo esté dando una orden (expresado en los términos negativos "no permito") hace que dicho empleo resulte muy poco probable. En nueve ocasiones en sus cartas, Pablo enuncia un mandato imperativo seguido de *gar*, y en cada caso *gar* funciona en un sentido de causa. En las epístolas pastorales, Pablo emite en veintiún ocasiones una orden o una idea de orden (como "no permito") seguida de *gar*, y todas exigen un sentido de causa. Por tanto, es mejor conservar el sentido normal de *gar* y considerar "porque" en el versículo 12 como una introducción a las razones que expone Pablo para los versículos 11 y 12.

Razón 1: El orden de la creación

Porque Adán fue formado primero, después Eva (1 Timoteo 2:13).

La primera razón por la cual las mujeres no deben enseñar ni tener autoridad se basa en el orden de la creación. Adán fue formado primero, después Eva. Algunos objetan: "¿Y qué de los animales? Ellos fueron creados antes que Adán, así que ¿por qué no tienen prioridad?". Sin embargo, esto es no comprender el concepto. Pablo no está haciendo una declaración definitiva que se aplica a cada parte de la secuencia de la creación. Su razonamiento es perfectamente congruente con la idea de la primogenitura que presenta el Antiguo Testamento. El primogénito recibía derechos especiales por haber nacido primero en la familia, sin importar que hubieran nacido o no animales en ese hogar. El orden también es significativo porque indica la posición de Adán como el que nombra, domestica y protege, y la posición de Eva como quien nutre, ayuda y apoya.

Razón 2: Eva fue engañada

Y Adán no fue engañado, sino que la mujer, siendo engañada, incurrió en transgresión (1 Timoteo 2:14).

Este versículo puede interpretarse en una de dos maneras. Es posible que Pablo haga una declaración acerca de la naturaleza de las mujeres, a saber, que ellas son engañadas más fácilmente que el hombre. Esto no quiere decir que las mujeres sean inferiores a los hombres ni menos capaces de piedad que ellos. Antes bien, según esta interpretación, las mujeres y los hombres tienen diferentes inclinaciones que los hacen propensos a diferentes tentaciones. Los hombres, que son por lo general más agresivos y asertivos pueden, en su conjunto, ser más tentados a la aspereza o la parcialidad. Las mujeres, que son por lo general más sensibles al entorno y a los sentimientos de los demás pueden, en su conjunto, ser más tentadas al engaño doctrinal. Si el engaño de Eva revela, en cierto modo, la naturaleza de la mujer, entonces Pablo prohíbe la enseñanza o la autoridad porque las mujeres, que superan a los hombres en otras áreas, son en su conjunto más propensas a consentir el error doctrinal.

Sin embargo, existe otra forma de interpretar el versículo 14. Es posible que Pablo haga una declaración acerca de lo que sucede cuando se invierten los roles de hombres y mujeres. Adán está llamado a ser la cabeza, el responsable de ejercer un liderazgo amoroso y de proveer dirección. No obstante, él renunció a su papel y el liderazgo de Eva lo influyó para mal. Como resultado de esta inversión de papeles, el pecado entró en el mundo. Según esta óptica, Pablo está señalando la diferencia entre dos personas culpables: Adán pecó abiertamente, pero Eva fue engañada. Subrayar esta diferencia permite pensar que la base del argumento de Pablo sea el diseño de Dios para los hombres y las mujeres, el cual sufrió una trágica inversión en la caída.

Cualquiera sea nuestra comprensión del versículo 14, debería ser obvio que Pablo no basa el silencio y la sujeción de las mujeres en la cultura del primer siglo. De hecho, hace precisamente lo contrario. Su lógica para la distinción de roles en la iglesia se remonta a Génesis. Pablo no permite a una mujer enseñar ni ejercer autoridad sobre un hombre porque hacerlo constituiría una violación del diseño original de Dios para los sexos en el orden creado, que dio al hombre la posición de cabeza y, a la mujer, el papel de compañera.

Abrazar el diseño de Dios

Pero se salvará engendrando hijos, si permaneciere en fe, amor y santificación, con modestia (1 Timoteo 2:15).

Este difícil versículo se interpreta, por lo general, en una de dos formas. Algunos consideran que el versículo 15 es una referencia a María. A través del nacimiento virginal, el Mesías entró en el mundo y, como resultado, las mujeres (y los hombres) fueron salvos. Esta interpretación es viable. Pablo, después de haber aludido a los primeros capítulos de Génesis, podría estar pensando en Génesis 3:15, donde se profetiza que la simiente de la mujer aplastaría a Satanás. En ese caso, podría ponerse el acento en el artículo definido ("el") que aparece antes de nacimiento o engendrar hijos (presente en el griego, pero no en la mayoría de las traducciones). Las mujeres no se salvan engendrando hijos, sino por *el* nacimiento, es decir, el nacimiento de Jesús.

Existe una segunda interpretación que, a mi modo de ver, tiene más mérito. Si entendemos que "salvación" en el Nuevo Testamento no significa necesariamente justificación, podemos encontrarle más sentido al versículo. Al leer "salvación", la mayoría de nosotros pensaría que se trata de entregar nuestra vida a Cristo y *ser salvo*. Sin embargo, la salvación tiene un alcance mucho más amplio en el Nuevo Testamento, que abarca la totalidad de la vida del cristiano, no solo un momento específico y definitivo de fe y arrepentimiento. En otro pasaje se nos ordena ocuparnos en nuestra salvación con temor y temblor (Filipenses 2:12), no para ganarnos el favor de Dios, sino para esforzarnos en vivir en obediencia. Este es el sentido de salvación que Pablo tenía en mente cuando dice que las mujeres se salvarán engendrando hijos.

Engendrar hijos es una de las maneras en que una mujer demuestra obediencia a su identidad dada por Dios. En vez de desechar todo orden y dignidad, una mujer piadosa abraza su verdadera femineidad vistiéndose con decoro, aprendiendo en silencio, engendrando hijos y perseverando en la fe, el amor y la santidad. Como es comprensible, muchas mujeres no tendrán hijos por razones médicas o por ser solteras, pero en la medida de lo posible, tener hijos es una de las maneras únicas en que una mujer puede aceptar, en obediencia, el diseño de Dios para las mujeres.

En el siguiente capítulo veremos algunas aplicaciones prácticas. Por ahora, ten en cuenta los principios subyacentes. En estos ocho versículos polémicos (1 Timoteo 2:8-15) vemos cómo operan en la iglesia la masculinidad y la femineidad. Al igual que en el hogar, los esposos deben amar a sus esposas y no ser ásperos con ellas (Colosenses 3:19), en la iglesia los hombres deben levantar manos santas en oración, sin ira ni contienda (1 Timoteo 2:8). Y del mismo modo que las esposas deben estar sujetas a sus maridos en el hogar (Colosenses 3:18), deben estarlo en la casa de Dios aprendiendo en silencio y en toda sujeción, absteniéndose de enseñar o ejercer autoridad sobre los hombres (1 Timoteo 2:11-12). Antes bien, conforme las mujeres abrazan el diseño de Dios, vistiéndose con decoro y portándose como conviene, se ocuparán de su salvación mientras Dios produce en ellas "así el querer como el hacer, por su buena voluntad" (Filipenses 2:13).

7

Líderes, siervos y vida en comunidad

1 Timoteo 3:1-13

Este es probablemente un buen momento para detenerse y comentar algo acerca del sistema de gobierno (administración) en la iglesia primitiva. El Nuevo Testamento reconoce dos cargos distintos en la iglesia, que aparecen en 1 Timoteo como los obispos (3:1) y los diáconos (3:8). Una mención anterior de estos dos cargos aparece en la carta de Pablo a los filipenses: "Pablo y Timoteo, siervos de Jesucristo, a todos los santos en Cristo Jesús que están en Filipos, con los obispos y diáconos" (Filipenses 1:1). Ya a finales de la década de los 50 d.C. y a principios de la década del año 60 d.C. la iglesia estaba lo bastante organizada para tener los dos cargos de anciano y diácono.

Observa que uso de manera equivalente las palabras "anciano" y "obispo". Uso los dos términos de manera intercambiable por lo que dice Hechos 20. Hay tres palabras griegas que se usan a lo largo del Nuevo Testamento para referirse a los líderes espirituales en la iglesia, los cuales aparecen en Hechos 20. La primera es *epískopos*, traducido principalmente como "obispo" (RVR60, NBLA, NVI). La segunda es *presbúteros*, que se traduce "anciano". La tercera es *poimén*, que se traduce "pastor". Estas tres palabras, obispo, anciano y pastor, se refieren al mismo cargo. En Hechos 20:17, Pablo pide que los ancianos de la iglesia vengan a él antes de que él salga de Éfeso. La palabra para anciano en el versículo 17 es *presbúteros*. Luego, en Hechos 20:28, dirigiéndose a los ancianos (los *presbúteros*), Pablo les ordena apacentar el rebaño (*poiemaínein*) como obispos (*epískopos*) y cuidar o pastorear (*poimén* en su forma verbal) la iglesia de Dios.

Observa cómo se llama a estos líderes espirituales de manera intercambiable: ancianos, obispos y pastores. Las tres palabras significan lo mismo. En el Nuevo Testamento, no vemos pastores con obispos en una posición superior, ni ancianos con pastores en una posición superior. Vemos dos cargos en la iglesia: obispo-pastor-anciano y diácono.

Estos dos cargos llevan a cabo dos funciones diferentes, como lo previó Hechos 6:1-7. Aunque este pasaje no menciona por nombre a los ancianos o diáconos, recuerda que apenas estamos en Hechos 6. La iglesia todavía no está organizada en ese momento en términos de cargos y estructura. Sin embargo, vemos los comienzos de los dos cargos eclesiales y sus dos funciones principales. Los ancianos ejecutan el ministerio de la palabra y los diáconos desempeñan el ministerio de misericordia.

Los ancianos deben ser estudiantes de la Biblia y hombres de carácter ejemplar. Están llamados a ser líderes. Un anciano debe ser capaz de enseñar (1 Timoteo 3:2), algo que no se requiere de los diáconos. La enseñanza no tiene que consistir en impartir conferencias formales o pronunciar un sermón, pero sí significa que los ancianos deben conocer sus Biblias, tener conocimiento de teología, ser capaces de discernir la verdad del error y saber comunicarse con otros. Tito 1:9 dice que el anciano debe ser "retenedor de la palabra fiel tal como ha sido enseñada, para que también pueda exhortar con sana enseñanza y convencer a los que contradicen". Los ancianos ministran la palabra. Esa es su prioridad número uno.

Por otra parte, los diáconos serán ante todo siervos. La palabra griega *diákonos* significa siervo. Los diáconos sirven comida y agua. Distribuyen las donaciones que hace la congregación, a la congregación. Sirven a la iglesia en el sentido material para suplir necesidades físicas. Los ancianos proveen el pan espiritual; los diáconos proveen el pan material. Los ancianos dan cuidado ministerial; los diáconos proveen el servicio cotidiano. El ministerio y los dones de la iglesia entera pueden resumirse en palabra y hecho (Romanos 15:18; Colosenses 3:17; 1 Pedro 4:10-11), de modo que cabe esperar que quienes ocupen cargos eclesiales reflejen esta demarcación fundamental: Los ancianos ministran en palabra; los diáconos, en hechos.

Ancianos (solo hombres)

Además del patrón uniforme del liderazgo masculino en la Biblia, existen dos indicadores aquí en 1 Timoteo que evidencian que los ancianos eran hombres y no mujeres.

Primero, nos dice que un obispo debe ser "marido de una sola mujer" (3:2). En sentido literal, debe ser "un hombre de una mujer". Pablo no exige estar casado como requisito para ser anciano (él no se casó y tampoco Jesús), sino fidelidad. Pablo da por hecho que un anciano ha de ser un hombre fiel.

Segundo, el hecho de que los requisitos para los obispos aparezcan inmediatamente después de los mandatos concernientes a las mujeres en la iglesia sugiere que, al prohibirles enseñar y ejercer autoridad sobre los hombres, él podría tener en mente el tema del obispado. Una mirada más detallada a 1 Timoteo revela que las dos únicas funciones encomendadas a los ancianos son enseñar (3:2) y predicar (5:17), las dos actividades que se les niega específicamente a las mujeres en la iglesia. El mandato de Pablo en 2:11-12 prohíbe, en esencia y en sentido funcional, que las mujeres ejerzan el cargo de obispos.

Siervas

El versículo 11 de 1 Timoteo 3 es el epicentro de muchas polémicas. La palabra griega *gunaikas* puede significar "mujeres" o "esposas", según el contexto. Si la palabra significa "[sus] esposas", Pablo está ordenando que las esposas de los diáconos sean mujeres honestas. En cambio, si la palabra se entiende mejor como "mujeres", pareciera que Pablo está presentando los requisitos para las diaconisas, o al menos un cargo relacionado con el diaconado que podría ser desempeñado por mujeres. Si bien ambas interpretaciones son perfectamente válidas desde el punto de vista gramatical, he llegado a pensar que "[sus] esposas" es la mejor traducción, y que Pablo no contempla un cargo de diaconisa, aunque el uso del término, dependiendo del sistema de gobierno de tu iglesia, no necesariamente resulta inapropiado.

A favor de la traducción "[sus] esposas" y la interpretación que de esta se desprende, se puede argumentar lo siguiente: (1) Sería extraño que Pablo introdujera un nuevo cargo en medio de sus instrucciones para los diáconos. Si el versículo 11 no se refiere a "sus esposas", Pablo cambia de tema dos veces en dos versículos, lo cual resulta confuso. El versículo 12 trata, a todas luces, acerca de los diáconos, de modo que tiene más sentido que el versículo 11 sea un requisito adicional para los diáconos. (2) El requisito de "ser marido de una sola mujer", en el versículo 12, tiene sentido al aparecer inmediatamente después de las cualidades de las esposas en el versículo 11. (3) Si Pablo estuviera presentando los requisitos para las diaconisas, se pensaría que estos incluyeran algo con respecto a sus familias, acerca de ser una mujer de un solo hombre. (4) Mientras que los diáconos deben ser probados primero (3:10), no se exige esto de las mujeres en el versículo 11. (5) La razón por la cual el carácter de las esposas de los ancianos no se menciona es que, si bien pueden colaborar juntamente con sus maridos de manera significativa, las esposas de los ancianos no iban a ayudar en el ministerio de enseñar y presidir de sus maridos de la forma que sí lo harían las esposas de los diáconos en su obra de servicio. Esto explica por qué Pablo da instrucciones a las esposas de los diáconos, pero no a las esposas de los ancianos.[1] Desde la Reforma, la mayoría de los exégetas protestantes han entendido el versículo 11 como una referencia a las esposas de los diáconos, pero aun si "mujeres" servían en un papel más formal, la aplicación práctica sería similar. Ya sea que el versículo hable acerca de esposas que ayudan a sus esposos en su trabajo de diaconado o acerca de mujeres que realizan la obra de diaconado como diaconisas, el resultado es que las mujeres estarían haciendo la misma clase de trabajo. Nada en la naturaleza del ministerio de servicio en el diaconado impide necesariamente que una mujer sirva como diaconisa. Después de todo, Febe era una *diákonos* (Romanos 16:1). De acuerdo, hoy muchas iglesias conceden autoridad rectora a los diáconos, de modo que la mejor manera de aprovechar los dones de servicio de las mujeres y el título (si lo hay) que ha de usarse en este cargo, dependerá de la teología general de gobernanza de la iglesia. Bajo mi óptica presbiteriana de la ordenación y la autoridad inherente en los cargos eclesiales, no estoy a favor de que haya mujeres diaconisas en mi denominación. No obstante, en lo que respecta a la orientación del servicio en el ministerio de diaconado, las mujeres pueden ejercer la obra de diaconado.

La vida comunitaria en la iglesia

Aunque la sección siguiente en el libro se titula "Preguntas y aplicaciones", convendría al final de estos capítulos exegéticos sintetizar algunos aspectos prácticos para la vida comunitaria en la iglesia.

En general, veo dos enfoques negativos en la aplicación de principios sobre la complementariedad. El primero es ser demasiado

---

1. Para más contenido exegético e histórico acerca de las mujeres y el diaconado, véase Cornelis Van Dam, *The Deacon: Biblical Foundations for Today's Ministry of Mercy* (Grand Rapids, MI: Reformation Heritage, 2016), 77-92, 113-130.

restrictivo, porque esto limita a las mujeres, por defecto, a roles "tradicionales" que pueden o no tener fundamento bíblico. El segundo es ser demasiado laxo, porque insiste en que una mujer puede ejercer cualquier función que un hombre no ordenado puede llevar a cabo. Ambos enfoques carecen de los matices necesarios para aplicar todas las realidades que hemos visto, desde el diseño en Génesis, pasando por la inclusión de las mujeres que Jesús lideró, hasta la doble prohibición de Pablo contra la enseñanza de las mujeres a los hombres y ejercer autoridad sobre ellos.

Antes de abordar algunas actividades reservadas a los hombres, permíteme subrayar muchas cosas que las mujeres pueden hacer.[2] Las mujeres pueden ministrar a los enfermos, a los que están agonizando, a los que padecen impedimentos mentales y físicos. Ellas pueden comunicar su fe, compartir sus recursos y abrir sus casas para hospedar a otros. Pueden escribir, aconsejar, organizar, administrar, diseñar, planear y asistir a otros.

Pueden orar.

Pueden servir en comités de la iglesia. Pueden acompañar a los ancianos y a los diáconos en situaciones difíciles que involucran a mujeres o que requieren la perspectiva femenina. Pueden ministrar a madres solteras, a nuevas mamás, a sobrevivientes de cáncer de seno y víctimas de maltrato. Pueden distribuir comidas, coser cortinas, enviar paquetes con provisiones de ayuda y organizar fiestas para recibir a un nuevo bebé. Pueden organizar ministerios deportivos, liderar estudios bíblicos para mujeres, enseñar teología sistemática

> Hay... miles de cosas que las mujeres pueden hacer en el ministerio. Los pastores especialmente necesitan esclarecer este punto de manera abundante y repetida.

---

2. Cf. John Piper, "A Vision of Biblical Complementarity: Manhood and Womanhood Defined According to the Bible", en *Recovering Biblical Manhood and Womanhood*, ed. John Piper y Wayne Grudem (Wheaton, IL: Crossway, 2006), 58.

a otras mujeres y planear viajes misioneros. Pueden enseñar a los niños. Pueden criar a sus hijos para la gloria de Dios y pueden abrazar la soltería como un regalo de Dios. Yo oro por mujeres que gusten de cocinar, tejer y trabajar en la guardería. Oro por mujeres (no ancianos hombres, sino mujeres) que aconsejen a las que están al borde del divorcio y a las jóvenes, y que enseñen la Biblia y buena doctrina a otras mujeres (oh, ¡cuánto necesitamos a mujeres que amen la Biblia y la buena doctrina!). Las mujeres pueden ayudar a las viudas, pueden cuidar a las que batallan con el remordimiento del aborto y pueden demostrar la gloria del evangelio mediante la reconciliación racial y étnica. Y pueden hacer todo esto en cualquier cultura y en lugares que no han sido alcanzados, con personas desechadas en este mundo. En otras palabras, hay decenas de miles de cosas que las mujeres pueden hacer en el ministerio. Los pastores especialmente necesitan esclarecer este punto de manera abundante y repetida.

Confío que el lector pueda captar que no digo esto nada más por disimular y luego pasar al punto *verdadero* acerca de todas las cosas que las mujeres no pueden hacer en la iglesia (de hecho, hay muchas cosas que la mujer puede hacer, desde gestar la vida humana hasta cuidar a otras mujeres, cosas que los hombres no pueden hacer). En las dos congregaciones en las que he tenido el privilegio de servir como pastor principal, he ministrado junto a mujeres piadosas, capaces, fuertes, humildes, listas, bondadosas y talentosas que complementan a otros. He aprendido de ellas y me he beneficiado de su ministerio en el equipo eclesial, en oración, en comités y en decenas de maneras informales, pero no menos importantes.

¿Qué es lo que se puede decir de los límites?

Para empezar, los cargos en la iglesia están reservados a hombres capaces y calificados. La naturaleza misma del cargo de anciano/ pastor/obispo es el de enseñar y tener autoridad, lo cual impide que las mujeres lo ejerzan. Según mi comprensión de la gobernanza, el cargo de diácono está reservado también a los hombres, pero entiendo que algunas iglesias no deleguen autoridad alguna al diácono.

En los cultos de adoración, las mujeres no deben predicar ni enseñar a los hombres. Aunque el principio de 1 Timoteo 2:12 es lo bastante claro, la aplicación requiere mucha sabiduría y cierta lucha, e incluso los partidarios de la complementariedad pueden diferir en su forma de aplicarlo. Sería maravilloso que no existieran áreas grises en la obediencia bíblica, pero las hay. Debemos buscar maneras de aplicar los principios de la complementariedad sin entrar en conflictos.

Las mujeres pueden enseñar clases de escuela dominical a los niños. Esto me parece claro; después de todo, ellas enseñan a sus propios hijos. Lo que las mujeres deberían hacer con los niños adolescentes y mayores resulta menos claro. La cuestión es, ¿cuándo se convierte un niño en hombre o cuándo ya no está bajo la autoridad de sus padres sino bajo la suya propia? En nuestra cultura, el período de transición para esto parece ser después de la secundaria, por lo general, en la universidad. En esto también reconozco que existe ambigüedad y algunos de ustedes podrían percibir que son discusiones demasiado detalladas, pero esta es la clase de razonamiento que tenemos que hacer cuando aplicamos los principios bíblicos a la vida real. A mi modo de ver, a medida que un varón se hace mayor, más importante es para él recibir enseñanza de los hombres. Así será más receptivo, y aumenta la probabilidad de que alcance la madurez al convertirse en hombre. No veo problema con que las mujeres enseñen a los jovencitos de secundaria, pero, incluso en ese caso, no me parece que sea sabio que una mujer sea el maestro principal cada semana. Esto me parece aún más crítico en el caso de los estudiantes universitarios.

La escuela dominical y los grupos pequeños son dos áreas donde se presentan desacuerdos frecuentes entre los partidarios de la complementariedad a la hora de aplicar sus principios. Mi fórmula básica es tomar en consideración las dos categorías de Pablo en 1 Timoteo 2:12: enseñar a los hombres y ejercer autoridad sobre los hombres. Aunque estas dos categorías delinean fácilmente el papel de anciano, sorprende que el argumento de Pablo se trate específicamente de la función y la actividad, no del título y la ordenación.

Las prohibiciones de Pablo me llevan a pensar que la enseñanza habitual en las clases de escuela dominical mixtas y el liderazgo habitual de un grupo mixto pequeño solo deberían estar a cargo de hombres. Por supuesto, hay toda clase de variables en juego (el tema, la forma en que se comunica el contenido, la participación de otros que lideran o enseñan); pero, como regla general en mi iglesia, tenemos hombres que enseñan las clases mixtas de adultos, y hombres (o parejas) que dirigen grupos mixtos pequeños de adultos.

Creo que las mujeres piadosas pueden orar o participar en un culto de la iglesia, siempre y cuando no estén asumiendo las responsabilidades que la mayoría de las personas en ese contexto asociarían con los deberes pastorales.

Creo que las mujeres piadosas pueden servir en equipos y comités de trabajo, siempre y cuando estos organismos no ejerzan autoridad de facto (o de manera explícita) sobre los hombres en la iglesia, en la red de ministerios eclesiales o en la denominación.

Por último, creo que, en todo esto, el mensaje más importante no es lo que las mujeres no pueden hacer, sino lo que los hombres *deben* hacer. Casi cualquier pastor te dirá que las mujeres en su iglesia piensan más en lo espiritual, están más interesadas en leer sus Biblias y más dispuestas a crecer en su fe y a servir en la iglesia. Sin duda, muchas veces, cuando las mujeres se han aventurado en áreas de enseñanza y autoridad reservadas para los hombres, lo han hecho no por un corazón rebelde, sino porque los hombres ya habían abandonado el mandato que Dios les ha dado de liderar, proveer y proteger espiritualmente. Con demasiada frecuencia se observa en nuestras iglesias lo opuesto a lo que sucedió en el huerto. Sí, las mujeres tienen su parte de responsabilidad en ese revés, pero como vimos con Adán, Dios asigna la responsabilidad final a los hombres. Estoy convencido de que, en la mayoría de los casos, si los hombres se comportaran y lideraran como *hombres* piadosos, humildes y sacrificados por los demás conforme a la Biblia, las mujeres vivirían felizmente y florecerían en las responsabilidades que Dios ha dispuesto para ellas. La responsabilidad bíblica de este capítulo, esta primera sección y, en realidad, de todo este libro, está primordialmente en manos de los hombres. Muchas veces, la complementariedad antes que algo que se aprende es algo que se capta, y los hombres son quienes más influyen para que la complementariedad se viva ya sea como ganarse la lotería o como contagiarse de gripe. Les digo, pues, hombres: Que el corazón de nuestro mensaje no sea: "Damas, tomen asiento", cuando debería ser: "Hombres, pónganse en pie".

PARTE 2

PREGUNTAS Y APLICACIONES

8

Objeciones comunes

No es de extrañar, dada la naturaleza polémica del tema del sexo y del género en nuestro mundo, que casi cada conclusión que hemos presentado con argumentos en la primera mitad del libro sea rebatida por alguien en algún lugar. Por un lado, queremos ser humildes delante del Señor y de los demás, reconociendo que podemos cometer errores de interpretación. Por el otro, no queremos desvirtuar la autoridad bíblica práctica declarando que solo tenemos "interpretaciones". La existencia de interpretaciones contrarias no imposibilita que una de ellas sea la correcta o, por lo menos, más acertada que otra. "Venid luego, dice Jehová, y estemos a cuenta" es un consejo necesario para el pueblo de Dios de hoy y tan pertinente como lo ha sido desde entonces (Isaías 1:18).

Con esto en mente, permíteme tratar algunas objeciones comunes a la idea de masculinidad y femineidad que he intentado exponer y que invito a celebrar.

Objeción 1: Gálatas 3:28

Ya no hay judío ni griego; no hay esclavo ni libre; no hay varón ni mujer; porque todos vosotros sois uno en Cristo Jesús (Gálatas 3:28).

Para algunos cristianos, este pasaje resuelve la cuestión de los roles de género en la iglesia. Se arguye que las enseñanzas de Pablo en 1 Corintios y en 1 Timoteo eran más aisladas, mientras que este versículo es, a todas luces, transcultural. Gálatas 3:28 es *el* versículo. Nada se puede entender acerca de los hombres y las mujeres aparte del mismo, y cada versículo debe conformarse a este a fin de tener validez.

No obstante, aparte de la orientación cuestionable de convertir este versículo en la última palabra sobre el tema, ¿enseña realmente este versículo lo que algunos cristianos afirman? ¿Anula Gálatas 3:28 los roles específicos de cada género en la iglesia?

Consideremos el contexto más amplio de Gálatas. Pablo está tratando de abrir un camino teológico en medio de la polémica judeo-gentil que causaba estragos en la iglesia. El problema principal en cuestión es si los gentiles tienen que empezar a vivir como judíos para ser salvos. Esto, a su vez, lleva a Pablo de vuelta a la pregunta más amplia de lo que significa, en primer lugar, ser un verdadero "judío". ¿Recibimos el espíritu por la ley o por la fe (3:2)? ¿Somos justificados por la ley o por medio de la fe (2:16)? La respuesta clara de Pablo es que somos declarados justos delante de Dios por medio de la fe en Cristo.

Sin embargo, algunos judíos corrían el riesgo de caer en el error. Pedro, por ejemplo, tuvo que ser reprendido porque se negó a tener comunión con los gentiles en la mesa (Gálatas 2:11-14). Al parecer, algunos en Galacia cometían un error similar al pensar que los judíos y los gentiles se encontraban en un plano espiritual diferente. Contra este error, Pablo afirma con vehemencia que todos somos uno en Cristo.

¿Y qué significa que todos somos uno? ¿En qué sentido no hay varón ni mujer? ¿Deja de importar la diferencia sexual para quienes están en Cristo? Ciertamente no, o la lógica subyacente a la condenación de Pablo contra la intimidad sexual con personas del mismo sexo no tendría sentido (Romanos 1:18-32). En ningún lugar encontramos en las epístolas de Pablo el menor indicio de que hayan dejado de importar las categorías de hombre y mujer en la vida y en el ministerio. Pablo no está anulando la diferencia sexual de forma generalizada. Antes bien, está recordando a los gálatas que, cuando se trata de reconciliarse con Dios y de estar juntos en Cristo, los indicadores de sexo, etnicidad y posición no representan ventaja alguna.

A riesgo de transferir nuestras sensibilidades modernas al mundo bíblico, podemos decir, en un sentido cuidadosamente definido, que Pablo enseña la igualdad entre los sexos. Tanto hombres como mujeres están confinados bajo la ley (3:23), ambos son justificados por la fe (3:24), ambos son liberados del yugo de la ley (3:25), ambos son hijos de Dios en Cristo (3:26), ambos están revestidos en Cristo (3:27) y ambos pertenecen a Cristo como herederos según la promesa (3:29). El punto que Pablo quiere señalar no es que la masculinidad y la femineidad son abolidas en Cristo, sino que la diferencia sexual no acerca al uno o al otro más a Dios ni lo aleja de Él.

Objeción 2: Efesios 5:21

Someteos unos a otros en el temor de Dios (Efesios 5:21).

Espero que nadie niegue que tenemos que amarnos los unos a los otros, dar prelación al prójimo, tratarnos con bondad, responder con amabilidad y tratar a los demás con respeto y humildad. Este es un tipo de "sumisión mutua", supongo yo, pero ¿es lo que quiere decir el pasaje? Algunos cristianos sostienen que la sumisión mutua cancela nuestras diferencias en lo que atañe a las responsabilidades matrimoniales y las estructuras de autoridad. Incluso si a las esposas se les ordena sujetarse a sus maridos (y la palabra griega es tácita porque no está escrita en el versículo 22), es únicamente en el contexto del sometimiento mutuo. Ese es el argumento, pero ¿tiene respaldo?

La clave para entender el versículo 21 es mirar lo que sigue. Después del mandato de someterse los unos a los otros, Pablo delinea la relación correcta entre las partes. Las esposas deben someterse a sus maridos, los niños obedecer a sus padres y los esclavos obedecer a sus amos. Pablo tiene en mente relaciones específicas cuando manda sumisión mutua. Lo que le interesa no es que todos se traten bien y con respeto (aunque eso es también una buena idea), sino que los cristianos se sometan a quienes están en autoridad sobre ellos: las esposas a los maridos, los hijos a los padres, los esclavos a los amos. Someterse unos a otros por reverencia a Cristo significa que nos sometemos a aquellos cuya posición implica autoridad sobre nosotros.[1]

Cualquier otro significado de Efesios 5:21 no le hace justicia al griego. La palabra utilizada en referencia a la sumisión (*hupotásso*) nunca se usa en el Nuevo Testamento para referirse a un amor y respeto general unos por otros. La palabra *hupotásso* aparece treinta y siete veces en el Nuevo Testamento aparte de Efesios 5:21, siempre para referirse a una relación donde una de las partes tiene autoridad sobre la otra. Así pues, Jesús se somete (*hupotásso*) a sus padres (Lucas 2:52), los demonios a los discípulos (Lucas 10:17, 20), la carne a la ley (Romanos 8:7), la creación a la vanidad (Romanos 8:20), los judíos a la justicia de Dios (Romanos 10:3), los ciudadanos a sus gobernantes y a las autoridades (Romanos 13:1, 5; Tito 3:1; 1 Pedro 2:13), el espíritu de los profetas a los profetas (1 Corintios 14:32), las mujeres en las iglesias (1 Corintios 14:34), los cristianos a Dios (Hebreos 12:9; Santiago 4:7), todas las cosas a Cristo o a Dios (1 Corintios

> Someterse unos a otros por reverencia a Cristo significa que nos sometemos a aquellos cuya posición implica autoridad sobre nosotros.

---

1. Vale la pena señalar que el lenguaje de "unos a otros" no siempre implica reciprocidad. Véanse, por ejemplo, Mateo 24:10; Lucas 12:1; 1 Corintios 7:5; 11:33.

15:27, 28; Efesios 1:22; Filipenses 3:21; Hebreos 2:5, 8; 1 Pedro 3:22), el Hijo a Dios (1 Corintios 15:28), las esposas a los maridos (Efesios 5:24; Colosenses 3:18; 1 Pedro 3:1, 5), los esclavos a los amos (Tito 2:9; 1 Pedro 2:18), los jóvenes a sus ancianos (1 Pedro 5:5) y los cristianos a los obreros del evangelio (1 Corintios 16:16). En ningún lugar del Nuevo Testamento *hupotásso* se refiere a virtudes recíprocas de paciencia, amabilidad y humildad. Siempre se trata de que una persona o una de las partes actúe de manera acorde, bajo la autoridad de otro.

Objeción 3: Esclavitud

Con frecuencia los cristianos se avergüenzan de la aparente indiferencia de la Biblia frente al tema de la esclavitud o, incluso, su respaldo de esta. Puesto que los códigos domésticos del Nuevo Testamento ordenaban la sumisión de la esposa *y* la obediencia de los esclavos, algunos cristianos concluyen que ambas órdenes deben ser culturales. Aducen que Dios no creó la esclavitud ni el liderazgo masculino y que simplemente los reguló. Y que, si bien el Nuevo Testamento no derroca estos patrones, sí alienta la igualdad y el respeto entre las personas, con lo cual planta las semillas para la completa emancipación de las mujeres y de los esclavos en el futuro.

¿Qué hacemos con este argumento? La mejor forma de abordar esta objeción es empezar con un examen sincero de la posición bíblica frente a la esclavitud. Es cierto que la Biblia no condena de manera explícita la esclavitud. Sin embargo, recuerda que, en el mundo antiguo, la esclavitud no era un asunto de raza. En los Estados Unidos es imposible hablar de esclavitud sin hablar de negros y blancos. Pero ese no era el contexto del mundo antiguo. La esclavitud era muchas cosas, pero no una cuestión racial.

Aun así, ¿por qué no denunció Pablo o, si vamos al caso, Jesús mismo, la institución de la esclavitud? Para empezar, el objetivo de ellos no era una revolución política y social. Por si las dudas, ellos dejaron tras de sí cambios políticos y sociales, pero su meta principal era espiritual. Ellos proclamaron un mensaje de fe, arrepentimiento y reconciliación con Dios. Simplemente no comentaban cada cuestión política y social del momento. De hecho, Pablo, en el libro de Hechos, demuestra con diligencia que ser cristiano no lo convierte a uno en demagogo o insurrecto.

Yendo al grano, el Nuevo Testamento no condena explícitamente la esclavitud porque en el mundo antiguo la esclavitud no era siempre indeseable (considerando las alternativas). Algunas personas se vendían voluntariamente a la esclavitud para escapar de la agobiante pobreza. Otras encontraban en la esclavitud una salida para saldar deudas o para obtener la ciudadanía romana. La esclavitud no tenía que ser una condición permanente. Podía ser un proceso hacia un tipo de vida mejor.

Por supuesto, no queremos pintar un cuadro optimista de la esclavitud en el mundo antiguo. Era deshumanizante e insoportable. Los amos podían tratar a sus esclavos con crueldad y someterlos por la fuerza, tanto a hombres como a mujeres, a tratos sexuales degradantes. Con todo, la esclavitud podía ser una salida manejable a la pobreza extrema. Por ejemplo, en el Antiguo Testamento existían diferentes maneras en que los esclavos podían ganar su libertad. En algunas circunstancias, se lograba la libertad después de seis años. En otras, un pariente podía comprar la libertad de una persona o la persona misma podía pagarla. Y, en el año del jubileo, los esclavos hebreos eran liberados y recuperaban su herencia. El Antiguo Testamento reguló la esclavitud de diversas maneras, sin condenarla explícitamente.

> A pesar de que la Biblia no condena abiertamente la esclavitud, nunca la aprueba y, definitivamente, nunca la elogia.

A pesar de que la Biblia no condena abiertamente la esclavitud, nunca la aprueba y, definitivamente, nunca la elogia. La esclavitud no es celebrada como un regalo de Dios, como lo son los hijos, por ejemplo. La esclavitud no fue declarada buena antes de la caída, como lo fue el trabajo. Crisóstomo, en una predicación del siglo IV, explicó el pasaje acerca del matrimonio en Efesios 5 y el pasaje sobre la esclavitud en Efesios 6 en términos muy diferentes. Acerca de por qué las esposas deben sujetarse a sus maridos, escribe:

> Porque cuando están en armonía, los hijos se educan bien, y los asuntos domésticos están en orden, y los vecinos, amigos y relaciones disfrutan de la fragancia... Y así como cuando los generales de un ejército están en paz los unos con los otros, todas las cosas ocupan su debido lugar... e igualmente, en este caso. Por esto dijo él, "Las casadas estén sujetas a sus propios maridos, como al Señor".[2]

Crisóstomo da por hecho que la sujeción en el matrimonio es un bien absoluto. Pero en lo que respecta a la esclavitud en Efesios 6, comenta:

> En cambio, si alguno preguntara de dónde viene la esclavitud y por qué entró en la vida humana... te lo diré. La esclavitud es el fruto de la codicia, de la degradación, de la crueldad; puesto que Noé, como sabemos, no tenía siervo, ni Abel, ni Set, no, tampoco los que vinieron después de ellos. La esclavitud fue fruto del pecado, de la rebelión contra los padres.[3]

Claramente la visión de Crisóstomo de la esclavitud es muy diferente de la sumisión. En el matrimonio, el hombre como cabeza y la sujeción de la mujer eran hechos obvios, mientras que la justificación de la institución de la esclavitud no.

La esclavitud nunca está a la raíz de los buenos propósitos de

2. John Chrysostom, *Chrysostom: Homilies on Galatians, Ephesians, Philippians, Colossians, Thessalonians, Timothy, Titus, and Philemon*, vol. 13, *Nicene and Post-Nicene Fathers* (Peabody, MA: Hendriksen, 2004), 143.
3. Ibíd., 159.

Dios para su creación. De hecho, la esclavitud tal y como se desarrolló en el Nuevo Mundo habría sido proscrita en el Antiguo Testamento. "El que robare una persona y la vendiere, o si fuere hallada en sus manos, morirá" (Éxodo 21:16). Este mandato por sí solo no permitiría algo como el tráfico de esclavos africanos. De igual modo, 1 Timoteo 1:8-10 dice:

Ahora bien, sabemos que la ley es buena, si se aplica como es debido. Tengamos en cuenta que la ley no se ha instituido para los justos, sino para los desobedientes y rebeldes, para los impíos y pecadores, para los irreverentes y profanos. La ley es para los que maltratan a sus propios padres, para los asesinos, para los adúlteros y los homosexuales, para *los traficantes de esclavos*, los embusteros y los que juran en falso. En fin, la ley es para todo lo que está en contra de la sana doctrina (NVI).

La Biblia claramente condena el acto de tomar a alguien cautivo y de venderlo como esclavo.

Aunque Pablo no alentó la revolución política generalizada ni el derrocamiento de la institución de la esclavitud, sí animó a los esclavos a ganar, en la medida de lo posible, su libertad. "Cada uno en el estado en que fue llamado, en él se quede. ¿Fuiste llamado siendo esclavo? No te dé cuidado; pero también, si puedes hacerte libre, procúralo más" (1 Corintios 7:20-21). Cuando Pablo envió de vuelta a Onésimo, el esclavo fugitivo que se había vuelto cristiano, a Filemón su amo cristiano, Pablo le dio el siguiente consejo:

Porque quizá para esto se apartó de ti por algún tiempo, para que le recibieses para siempre; no ya como esclavo, sino como más que esclavo, como hermano amado, mayormente para mí, pero cuánto más para ti, tanto en la carne como en el Señor (Filemón 15-16).

Lejos de respaldar la esclavitud como un bien inherente, Pablo animó a los esclavos a ganar su libertad si les era posible. Además, exhortó a los amos como Filemón a que recibieran a sus esclavos no como esclavos, sino como hermanos. En conclusión, la Biblia, sin recomendarla, reguló la institución de la esclavitud donde era una realidad. Imagino que si Pablo escribiera a las familias actuales que tienen hijastros y padrastros, él podría decir algo así como: "Hijos, obedezcan en el Señor a sus padrastros, porque esto es justo. Padrastros, amen a sus hijastros como si fueran sus propios hijos. Porque Dios los ama a ustedes aunque antes no pertenecían a Él". Si eso fuera lo que Pablo nos escribiera a nosotros, sabríamos cómo deben relacionarse hijos y padrastros, pero eso no justifica pensar que Pablo estuviera a favor del divorcio y las segundas nupcias. Entenderíamos que él no está elogiando una posición particular, sino regulando una situación ya existente y que no da señales de desaparecer, aun cuando la existencia de esa situación no fuera parte del buen diseño de Dios desde el principio.

Objeción 4: Las mujeres en el ministerio bajo el contexto bíblico

Algunos preguntan: "¿Y qué de todas las mujeres que participaban en el ministerio en la Biblia?". Las mujeres en el ministerio no es el problema (¡es algo que debe alentarse!). El problema es que haya mujeres en posiciones ministeriales *inapropiadas*. Por supuesto, algunos cristianos arguyen que no existen roles inapropiados para las mujeres. Para sostener su declaración, señalan lo que consideran ser un sinnúmero de mujeres a lo largo de la Biblia que ocuparon posiciones de liderazgo. Por ejemplo, se podría sostener que los mandamientos en 1 Timoteo 2 deben ser únicamente para la situación en Éfeso, porque varias mujeres a lo largo de la Biblia enseñaron y ejercieron autoridad sobre los hombres.

Echemos un vistazo a algunos ejemplos conocidos y veamos si

estas mujeres ejercieron el tipo de autoridad e impartieron la clase de enseñanza que contradicen el patrón en Génesis y las actividades que prohíbe Pablo.

Débora

Al parecer, Débora es una evidente excepción a la regla expuesta en 1 Timoteo 2. Era profetisa y jueza, y presidió durante un período de victoria y de paz en Israel (Jueces 4–5). Aunque Débora desempeñó estos papeles importantes, los llevó a cabo únicamente como mujer y en maneras diferentes a como los hombres habrían servido en esas posiciones. Primero, al parecer, ella es la única juez sin funciones militares. Antes bien, Débora manda llamar a Barac (un hombre) que ejecute las maniobras militares (4:5-7). Incluso cuando Débora acompaña a Barac en la batalla, es él quien lidera a los diez mil hombres (4:10, 14-16). Segundo, Barac es reprendido por insistir en que Débora lo acompañe. Débora con gusto cede el liderazgo a Barac y luego lo avergüenza por su indecisión (4:9). Por consiguiente, quien recibió la gloria no fue Barac sino Jael, esposa de Heber ceneo (4:9, 22). Tercero, sea cual sea la autoridad que Débora compartió con Barac, no fue una autoridad sacerdotal ni para enseñar.

Profetisas

Además de Débora, otras mujeres son llamadas profetisas en el Antiguo y el Nuevo Testamentos: María (Éxodo 15:20), Hulda (2 Reyes 22:14), Noadías (Nehemías 6:14), Ana (Lucas 2:36) y las hijas de Felipe (Hechos 21:8-9). Dos comentarios pueden ayudar a contextualizar el ministerio de las profetisas. Primero, recuerda que la profecía del Nuevo Testamento no es idéntica a otras formas de ministerio de la palabra. En el Nuevo Testamento, los profetas de la congregación recibían en ocasiones mensajes del Espíritu, los cuales debían ser examinados con la enseñanza aceptada. Las hijas de Felipe y los profetas en Corinto no eran lo mismo que los predicadores o maestros que enseñaban con autoridad.

Segundo, en el Antiguo Testamento, cuando la profecía posee autoridad absoluta, vemos que las profetisas ejecutan su ministerio de manera diferente a los hombres profetas. María ministró a las mujeres (Éxodo 15:20) y Débora y Hulda profetizaron más en privado que en público. A diferencia de los profetas como Isaías o Jeremías que declaraban públicamente la palabra del Señor para que todo el pueblo oyera, Débora juzgó entre quienes acudían a ella en privado (Jueces 4:5) e instruyó a Barac de forma individual, y Hulda profetizó en privado a los mensajeros que le envió Josías (2 Reyes 22:14-20). Noadías, la otra profetisa que menciona el Antiguo Testamento, se opuso a Nehemías juntamente con el malvado profeta Semaías. El ejemplo de Noadías, aunque fue desobediente, nada revela del diseño de Dios para las mujeres en el ministerio.

Priscila

Se menciona a Priscila, una mujer que evidentemente era muy conocida en la iglesia primitiva, tres veces en Hechos y tres en las epístolas (Hechos 18:2, 18, 26; Romanos 16:3; 1 Corintios 16:19; 2 Timoteo 4:19). Con mayor frecuencia se la nombra antes que a su esposo, Aquila, lo cual puede o no ser significativo. Tal vez ella era la que más se destacaba, o tal vez se convirtió antes que su esposo, o es posible que los discípulos la hayan conocido primero (como cuando eres amigo de Sandra por mucho tiempo y luego ella se casa con José, de modo que te refieres a ellos como "Sandra y José"). En cualquier caso, juntos instruyeron al influyente maestro Apolos. Con todo, esta enseñanza también se hizo en privado (Hechos 18:26). Es posible que Priscila haya sido una mujer instruida, sabia e influyente, pero nada indica que haya ejercido autoridad sobre los hombres para enseñar.

Febe

Pablo recomienda a Febe a los romanos como una *diákonos* de la iglesia de Cencrea (Romanos 16:1). Esto puede significar que Febe era diaconisa o que servía en un sentido más general. La palabra en sí misma es ambigua. En cualquier caso, nada indica que Febe la sierva fuera maestra o líder sobre los hombres.

Junias

Pablo saluda a Andrónico y a Junias, elogiándolos como "estimados entre los apóstoles" (Romanos 16:7). Algunos cristianos usan este versículo para aducir que una mujer puede ejercer autoridad sobre los hombres porque Junias (una mujer) era apóstol. Este es un argumento débil por varias razones. Primero, es probable que Junias (en griego, *Iounías*) sea un hombre, no una mujer.[4] Segundo, "estimados entre los apóstoles" sugiere que los apóstoles tenían a Junias en gran estima, no que fuera un apóstol. Tercero, aun si Junias fuera mujer y apóstol, no es claro que fuera un apóstol como los doce. *Apóstol* es un término que puede usarse en un sentido menos técnico como mensajero o representante (2 Corintios 8:23; Filipenses 2:25).

Evodia y Síntique

Evodia y Síntique (ambas mujeres) eran colaboradoras de Pablo que combatieron juntamente con él por causa del evangelio (Filipenses 4:3). Nada en el texto implica enseñanza ni autoridad sobre los hombres. Hay cientos de maneras de trabajar por causa del evangelio sin violar las normas establecidas en 1 Timoteo y los patrones delineados en el resto de las Escrituras. Debemos afirmar plenamente la importante obra que llevaron a cabo Evodia y Síntique, y que millones de mujeres continúan realizando en la causa del evangelio, sin pensar que su presencia en el ministerio

---

4. Véase Esther Yue L. Ng, "Was Junia(s) in Romans 16:7 a Female Apostle? And So What", *Journal of the Evangelical Theological Society* 63.3 (2020): 517-533. Ng argumenta de manera convincente que lo más probable es que Junias fuera un hombre, que Pablo pensaba en los apóstoles como hombres, y que Andrónico y Junias eran muy conocidos *por* los apóstoles, no *como* apóstoles.

de algún modo anula la enseñanza bíblica acerca de los hombres
y las mujeres en la iglesia.

La señora elegida

Algunos sostienen que "la señora elegida" de la que habla 2 Juan
se refiere al pastor o anciano de la iglesia. Sin embargo, no es así,
sino que se refiere a la iglesia misma. No solo es la carta demasiado
general para dirigirse a un solo destinatario específico (cf. 3 Juan)
y no solo se usa con frecuencia una imagen femenina para referirse
a la iglesia (cf. Efesios 5; Apocalipsis 12), sino que, en un sentido
más determinante, Juan usa la segunda persona del plural a todo
lo largo de su segunda carta, lo cual indica que no tenía en mente
un solo individuo, sino un cuerpo de creyentes (vv. 6, 8, 10, 12).

Objeción 5: Los dones y el llamado

Las mujeres poseen dones espirituales que son vitales. Esto es innegable. Las mujeres pueden tener dones de enseñanza y de liderazgo. Todos sabemos que las mujeres son excelentes organizadoras, administradoras, comunicadoras y líderes. Nadie quiere que esos dones se desperdicien. Sin embargo, la Biblia estipula ciertas maneras en que estos dones deben usarse. Las mujeres pueden, y deben, hacer uso de sus poderosos dones de enseñanza, siempre y cuando no sea en una posición de autoridad sobre los hombres. Ciertamente enseñar a niños y a otras mujeres no es un desperdicio de dones para una mujer, ¿no te parece?

> Las mujeres pueden, y deben, hacer uso de sus poderosos dones de enseñanza, siempre y cuando no sea en una posición de autoridad sobre los hombres.

Por otro lado, el hecho de que las personas se hayan beneficiado de los dones de las mujeres que han sido usados incorrectamente (ejerciendo autoridad sobre los hombres) es un argumento que se basa más en el efecto que en la obediencia. Si acaso Dios nos usa, cuando nosotros como iglesia nos apartamos tantas veces de su Palabra, es un testimonio de su gracia, no un plan de acción para el ministerio. Dios ha bendecido la enseñanza pública de las mujeres a los hombres a pesar de ellas, tal y como Dios me ha usado a mí para bendecir a otros a pesar de mí. La esperanza es que, en ambos casos, el objetivo sea conocer la verdad más claramente y acercarse más a esta. Decir "pero sí funciona" constituye una medida equivocada de nuestra fidelidad.

De igual modo, no podemos tomar decisiones acerca del liderazgo de la iglesia de acuerdo con el llamado general al sacerdocio de todos los creyentes. He oído decir: "Sí, sí, los sacerdotes del Antiguo Testamento fueron todos hombres, pero eso no aplica al modelo de liderazgo en el Nuevo Testamento, porque ahora todos somos 'real sacerdocio' y 'pueblo santo'" (cf. 1 Pedro 2:9). Es cierto que todos, tanto hombres como mujeres, somos real sacerdocio. Sin embargo, la descripción que hace Pedro en el Nuevo Testamento era simplemente una reiteración de la palabra de Dios dada al pueblo en el Sinaí cuando declaró: "Y vosotros me seréis un reino de sacerdotes, y gente santa. Estas son las palabras que dirás a los hijos de Israel" (Éxodo 19:6). El sacerdocio de todos los creyentes es una idea del Antiguo Testamento (y, en cualquier caso, se trata de nuestra santidad corporativa, no de nuestros dones colectivos). Si un sacerdocio exclusivamente masculino en el Antiguo Testamento estaba en armonía con un reino de sacerdotes que incluye a todos, no hay razón para pensar que un liderazgo eclesial exclusivamente masculino fuera contrario al sacerdocio de creyentes en el Nuevo Testamento.

De igual modo, aludir al llamado no resulta muy convincente. Hace años, el periódico católico *First Things* publicó dos artículos acerca de la ordenación de mujeres (a favor y en contra). La mujer que escribió a favor de la ordenación femenina concluyó su escrito apelando a un sentido de llamado:

Mucho se ha discutido aquí acerca de por qué no hay razones para *no* ordenar mujeres. Aun así, hace falta decir algo acerca de por qué *debería* hacerse.... Como dijo alguna vez la hermana Thekla: "La única justificación para la vida monástica radica en el hecho de que Dios llama a esto a algunas personas". Por la misma razón, la única justificación para la ordenación de mujeres reside en el hecho de que Dios llama a esto a algunas mujeres.[5]

Aunque una persona pueda con toda honestidad sentir un llamado, convertirlo en el factor decisivo es peligrosamente subjetivo. No veo problemático que las personas hagan referencia a su vocación, pastoral u otra, como un "llamado", si con el término buscan simplemente reconocer un propósito espiritual en su labor. Sin embargo, como herramienta para la toma de decisiones, tratar de discernir el "llamado" de alguien por los sentimientos e impresiones interiores es una guía incierta. La revelación objetiva de Dios en las Escrituras debe tener prelación sobre nuestra comprensión subjetiva de la voluntad de Dios para nuestra vida.

---

5. Sarah Hinlicky Wilson, "Ordaining Women: Two Views", *First Things* (abril, 2003): 42.

9

Crecer como niños y niñas

EN ESTE MOMENTO QUE ESCRIBO este libro, estoy en plena labor de crianza de mis hijos. Mi santa esposa y yo tenemos nueve hijos. Sus edades se extienden desde recién llegado al mundo hasta a punto de salir a la universidad. Nuestra filosofía básica de paternidad y maternidad es alimentarlos, vestirlos, amarlos, reír con ellos, corregirlos, llevarlos a la iglesia y tratar de sobrevivir. Con cinco niños y cuatro niñas, considerar las diferencias entre hombres y mujeres no es una simple cuestión de curiosidad intelectual. Es un asunto de relevancia inmediata.[1]

En mi meditación personal y escritura acerca del tema de los hombres y las mujeres me ha sido de gran ayuda la pregunta de John Piper: *Si tu hijo te pregunta qué significa ser hombre o tu hija te pregunta qué significa ser mujer, ¿qué les dirías?* Agradezco el carácter práctico y real de la pregunta. Tengo hijos e hijas que necesitan saber (y a medida que crecen quieren saber) lo que significa ser hombre o mujer.

Podría hablar acerca de cómo estamos hechos a imagen de Dios

---

1. Una versión de este capítulo fue publicada previamente en inglés con el título "How Are Men and Women Different?", *9Marks Journal*, 11 de diciembre de 2019, https://www.9marks.org/article/how-are-men-and-women-different/?lang=de.

y cómo crecer en la semejanza de Cristo. De hecho, debería hablar a menudo acerca de estos temas. Sin embargo, la pregunta acerca de convertirse en un hombre o en una mujer tiene importantes repercusiones teológicas. "Papi, ¿qué significa la piedad *para mí como niño?*" o "¿Qué significa la piedad *para mí como niña?*". Para mis hijos e hijas, la piedad significa lo mismo en varios aspectos fundamentales, pero también se expresa de muchas maneras diferentes en otros aspectos.

La complementariedad sexual no solo supone afirmar la existencia de "muchas maneras diferentes" como una verdad general, sino también intentar ayudar a que hombres y mujeres conozcan los aspectos prácticos que se desprenden de estas diferencias. Si la complementariedad significa algo, con toda seguridad involucra, al menos en parte, la bondad inherente en la *diferencia* que Dios ha dispuesto que exista entre los sexos. Si pasamos por alto esa diferencia, lo maravillosamente cierta y hermosa que es y cómo promueve el florecimiento de hombres, mujeres, niños, familias, iglesias y la sociedad, olvidamos las incomparables buenas nuevas de esto que llamamos complementariedad.

¿Y qué puedo decir a mis hijos acerca de ser un hombre o una mujer? Trataré de expresarlo en cinco puntos sencillos:

1. Postura
2. Cuerpo
3. Apariencia
4. Conducta
5. Carácter

Abordaremos cada tema en el orden en que se revela en las Escrituras. Quizá notes que algunos temas coinciden con las secciones exegéticas previas del libro, aunque espero que la integración de varios temas en este capítulo presente una idea más clara de cómo funciona la diferencia sexual y la complementariedad en la vida real y cotidiana.

1. Postura

Y dijo Jehová Dios: No es bueno que el hombre esté solo;
le haré ayuda idónea para él (Génesis 2:18).

En los primeros capítulos de Génesis, Adán es creado para liderar.
Fue creado primero y se le encomendó dar nombre a los animales
(2:19-20), se le dio el mandamiento probatorio (2:16-17) e, incluso,
aunque Eva comió primero del fruto prohibido, Dios responsabiliza
a Adán (Romanos 5:12-21; cf. Génesis 3:9). Eva fue creada para
ser su ayuda (cf. 1 Corintios 11:3). En las Escrituras, ser ayuda no
constituye un papel denigrante ni implica inferioridad. De hecho,
en el Antiguo Testamento, Yahvé es llamado con frecuencia "ayudador" de su pueblo. Al mismo tiempo, Génesis afirma que, por
designio de Dios, conforme al orden de la creación, la mujer es
la ayuda de su marido. Esa es la postura para la cual se dispone.

Uso de manera deliberada la palabra *postura*. Una postura puede
tomar muchas formas. Uno puede tener una pos-
tura desgarbada, sentarse derecho, ser relajado o
formal, inclinarse hacia delante o hacia atrás. Uso
la palabra *postura* porque no nos referimos a una
posición rígida, sino a una inclinación. La esposa
debe estar dispuesta a ser guiada y el esposo debe
estar dispuesto a tomar la iniciativa sacrificada de
liderar. Sería un error, incluso pecado, que un
esposo le dijera a su mujer: "Tú eres la ayuda; no
voy a ayudarte". El hecho de que los hombres hayan sido creados
para liderar, no significa que no ayuden nunca, ni que las mujeres
ayuden y nunca puedan ejercer liderazgo.

> Un hombre que lidera en amor hace mucho más fácil que la mujer ayude en humildad.

Antes bien, quiero señalar simplemente que el liderazgo masculino y la ayuda femenina es lo que los hombres y las mujeres deben
procurar deliberadamente y estar dispuestos a aceptar. Incluso en
el lugar de trabajo donde el organigrama de una compañía incluye
hombres y mujeres en todos los niveles, creo que los cristianos, de

algún modo, pueden abrazar la masculinidad y la femineidad en formas apropiadas. En la Biblia y en la práctica, esta inclinación se ve más clara en el matrimonio, aunque existen razones para pensar que el modelo de Génesis refleja realidades que van más allá de la relación matrimonial. Vemos a través de Pablo que el modelo de Génesis debía reflejarse en la manera en que las mujeres aprenden y los hombres enseñan en la iglesia (1 Timoteo 2:11-14). Recuerda también el ejemplo de Débora. Ella era indudablemente una mujer fuerte cuya influencia fue determinante, pero (implícitamente) reprendió a Barac por no liderar al ejército en la batalla (Jueces 4:6-9). Él y sus hombres eran los encargados de asumir el liderazgo en Israel (Jueces 5:2, 9).

Con frecuencia, este punto acerca de la postura tiene más que ver con lo que los hombres deberían hacer que con lo que las mujeres no deberían hacer. La exhortación aquí no es a que las mujeres se sienten, sino a que los hombres se pongan de pie. Un hombre que lidera en amor hace mucho más fácil que la mujer ayude en humildad.

2. Cuerpo

> No te echarás con varón como con mujer; es abominación (Levítico 18:22).

El mundo afirma que la orientación sexual es más esencial que el sexo biológico. Afirma, además, que el género es un constructo y, por lo tanto, que nuestras acciones deben corresponder a los deseos que afirmamos en vez de a nuestras realidades biológicas.

La Biblia cuenta una historia diferente. El sexo biológico, lejos de ser un asunto fortuito o maleable, encierra en sí mismo el sentido de lo que debe ser. Por lo tanto, nuestras acciones deben corresponder a nuestra identidad sexual divinamente asignada. Por ejemplo, el cuerpo masculino no está diseñado para encajar en una unión de una sola carne con otro hombre. Por eso Pablo usa el lenguaje de "uso natural" en Romanos 1:26-27:

Por esto Dios los entregó a pasiones vergonzosas; pues aun sus mujeres cambiaron el uso natural por el que es contra naturaleza, y de igual modo también los hombres, dejando el uso natural de la mujer, se encendieron en su lascivia unos con otros, cometiendo hechos vergonzosos hombres con hombres, y recibiendo en sí mismos la retribución debida a su extravío.

A lo largo de Romanos 1, Pablo emplea el lenguaje de Génesis 1 para describir la idolatría y la rebelión humanas. En el pasaje anterior, Pablo rememora cómo Dios creó al varón y a la mujer en Génesis 1 como un par complementario, una unidad biológica natural y funcional que dos mujeres o dos hombres no pueden recrear.

La revelación natural sugiere que nuestra fisiología corresponde a un orden moral divino. Cuando dos hombres se juntan sexualmente, el miembro que se supone debería dar vida es puesto en un lugar del cuerpo donde se expulsan desechos y muerte. No busco ser explícito, pero el ajuste a medida y con propósito en los órganos sexuales masculinos y femeninos es demasiado importante para desconocerse. Incluso, aparte de la revelación sobrenatural, es evidente que nuestros cuerpos fueron diseñados para cumplir el mandato de la creación. Usar nuestros órganos sexuales para cualquier otro propósito es contra la naturaleza y constituye una rebelión contra el orden establecido por nuestro Creador.

¿Por qué el acto sexual es algo tan poderoso? ¿Por qué determinó Dios el sexo como el momento de la unión en una sola carne? ¿Por qué no lo es tomarse de la mano o abrazarse? Porque Dios dotó la unión exclusiva de hombre y mujer del poder para procrear, la capacidad de llevar a cabo el mandato creador en Génesis 1 de llenar la tierra, multiplicarse y sojuzgar la tierra.

Uno de los versículos más contraculturales de las Escrituras es 1 Corintios 6:19-20: "¿O ignoráis que vuestro cuerpo es templo del Espíritu Santo, el cual está en vosotros, el cual tenéis de Dios, y que no sois vuestros? Porque habéis sido comprados por precio; glorificad, pues, a Dios en vuestro cuerpo y en vuestro espíritu, los cuales son de Dios". Cuando enseñamos a nuestros hijos en casa y en la iglesia, no debemos conformarnos con saltar a las conclusiones correctas sin presentarles todos los argumentos que conducen a esas conclusiones. No se limiten a enseñar "el sexo es entre un hombre y una mujer en el pacto del matrimonio". Expliquen por qué es así.

El cuerpo no es un elemento secundario de nuestro propósito como seres humanos. Dios creó nuestro cuerpo y lo llamó bueno. Este mismo Dios se hizo carne. Dios va a resucitar nuestros cuerpos. Por consiguiente, nuestro cuerpo no es secundario y la manera en que usamos nuestro cuerpo no es un asunto separado de lo que somos ni de lo que Dios quiso que seamos. Dios creó cuerpos masculinos y cuerpos femeninos, cuerpos diferentes que conllevan "deberes" morales de acuerdo con el buen diseño de Dios.

3. Apariencia

Porque si la mujer no se cubre, que se corte también el cabello; y si le es vergonzoso a la mujer cortarse el cabello o raparse, que se cubra (1 Corintios 11:6).

Juzgad vosotros mismos: ¿Es propio que la mujer ore a Dios sin cubrirse la cabeza? La naturaleza misma ¿no os enseña que al varón le es deshonroso dejarse crecer el cabello? Por el contrario, a la mujer dejarse crecer el cabello le es honroso; porque en lugar de velo le es dado el cabello (1 Corintios 11:13-15).

El argumento de Pablo en 1 Corintios 11 es complicado, pero en su esencia declara que confundir la apariencia de nuestro género es contrario a la naturaleza. Cuando Pablo dice que la naturaleza misma enseña que el cabello largo es deshonroso para el hombre, no está haciendo una declaración universal acerca de la longitud del cabello. Está haciendo una declaración universal según la cual la confusión de los sexos es contraria a la naturaleza. Como observamos antes, los hombres no deberían parecer mujeres ni expresarse de manera femenina, y las mujeres no deben expresarse de manera masculina ni parecer hombres.

Admito que este principio es delicado. Debemos cuidarnos de no igualar la masculinidad y la femineidad bíblicas a los estereotipos unidimensionales de la cultura, como que los hombres de verdad conducen camiones, cazan, pescan y miran fútbol, mientras las mujeres de verdad hornean galletas, cosen, hablan de sus sentimientos y miran canales de televisión que emiten programas para mujeres. Los estereotipos pueden ser perjudiciales cuando funcionan como prejuicios insensatos y limitantes.

Por otro lado, los estereotipos tienen su razón de ser. La palabra *estereotipo*, que tuvo su origen en el mundo de la imprenta, se refiere a cierto tipo de impresión. Un estereotipo es un atajo cognitivo. Como tal, puede encasillar a las personas, pero también puede señalarnos rápidamente formas y patrones fundamentales. Los estereotipos más persistentes reflejan probablemente una compleja mezcla de cultura y naturaleza. ¿Juegan todas las niñas a las muñecas? No, pero la mayoría sí, desde pequeñas, antes de experimentar una fuerte socialización. ¿Usan todos los niños palos como espadas y pistolas? No, pero la mayoría lo hacen, y más que las niñas. Existe una razón por la que no oyes a las mamás decir a sus niños: "Ten cuidado al jugar con esas niñas; son demasiado bruscas".[2]

¿Cómo podemos aplicar esto en nuestros días? Espero que podamos estar de acuerdo en, al menos, algunos ejemplos. ¿No enseña la naturaleza que es deshonroso para un hombre ponerse

---

2. Estos dos párrafos incluyen información del capítulo "Manliness as Stereotype", en Harvey C. Mansfield, *Manliness* (New Haven, CT: Yale University Press, 2006), 22-49. El comentario acerca de no jugar con niñas porque son muy bruscas es de Eleanor Maccoby, citado en p. 28.

un vestido de cóctel? ¿No enseña la naturaleza que es deshonroso para un hombre usar lápiz labial? En nuestro contexto cultural, estas acciones expresan femineidad, no masculinidad.

Los pastores, los padres y los líderes de la iglesia deben ser muy cuidadosos con esto. ¿Pueden los "hombres de verdad" disfrutar del teatro musical, el ballet o ir de compras? Por supuesto que pueden. Por otro lado, si aconsejas a un joven que dice que usa pijama rosa, que le gusta pintarse las uñas y que manda a su esposa a que enfrente al intruso que ataca su casa en vez de enfrentarlo él, tal vez tengas que hablarle y cuestionarlo para determinar si expresa su masculinidad de manera apropiada.

Sí, soy consciente de que algunos ejemplos corresponden a un contexto cultural. La Biblia, por supuesto, no hace prohibiciones explícitas contra los hombres vestidos de rosa. Con todo, si la masculinidad y la femineidad han de tener algún contenido conceptual, no podemos negar que existen ciertas pistas culturales. Esto dificulta el pastoreo y la crianza en el sentido de cómo decir algo práctico acerca de la masculinidad y la femineidad sin ser excesivamente rígidos. Con todo, no sería el primer tema que requiere nuestra sabiduría para aplicar principios amplios a áreas específicas.

> Los hombres no deberían parecer mujeres ni expresarse de manera femenina, y las mujeres no deben expresarse de manera masculina ni parecer hombres.

En una época en la que los piratas de las películas, los patinadores sobre el hielo y los humoristas usan delineador de ojos, no podemos pasar por alto esta cuestión. Aunque la Biblia no nos ordene cada detalle que quisiéramos tener acerca de este tema, sí afirma una verdad esencial que ya no parece muy obvia en nuestros días: Es deshonroso para un hombre parecer una mujer y para una mujer parecer un hombre. Ese es el fundamento teológico de 1 Corintios 11.

Lo repito una vez más: Debemos aplicar estas verdades con toda la delicadeza del caso en nuestros contextos de formación de discípulos. Si algunos miembros de tu iglesia batallan con problemas de identidad de género o disforia de género, trátalos con paciencia y muéstrate comprensivo con las luchas que experimentan. Guíalos a 1 Corintios 11, no para avergonzarlos, sino a modo de instrucción. Enséñales que Dios hizo a hombres y a mujeres diferentes y que, cuando confundimos esas diferencias, confundimos lo que Dios diseñó para glorificarle.

4. Conducta

Antes fuimos tiernos entre vosotros, como la nodriza que cuida con ternura a sus propios hijos. Tan grande es nuestro afecto por vosotros, que hubiéramos querido entregaros no solo el evangelio de Dios, sino también nuestras propias vidas; porque habéis llegado a sernos muy queridos (1 Tesalonicenses 2:7-8).

Así como también sabéis de qué modo, como el padre a sus hijos, exhortábamos y consolábamos a cada uno de vosotros, y os encargábamos que anduvieseis como es digno de Dios, que os llamó a su reino y gloria (1 Tesalonicenses 2:11-12).

Observa lo que Pablo hace en estos pasajes. Primero, describe su propio ministerio entre los tesalonicenses como el de una nodriza tierna, afectuosa y sacrificada. Segundo, describe su ministerio como el de un padre que exhorta, anima y lidera. Pablo identifica estas conductas como correspondientes a un género más que al otro.

Pablo no sugiere que un conjunto de virtudes sea exclusivamente femenino o exclusivamente masculino. Después de todo, él se describe en su ministerio "como la nodriza". Al mismo tiempo, Pablo sugiere claramente que ciertas conductas caen naturalmente dentro de las líneas de género. Cuando Pablo piensa en cuidado, afecto y ternura, piensa en una madre. Cuando piensa en exhortación, disciplina y liderazgo, piensa en un padre.

Sí, cada hombre y cada mujer son únicos. Pero sin importar cuál sea nuestro tipo de personalidad, la paternidad se caracteriza, por lo general, por la conducta exhortativa y la maternidad por la ternura; y esto revela algo, si tenemos en cuenta las personas con quienes las madres trabajan a diario.

En última instancia, según el pensamiento de Pablo, una madre tiene cierta conducta y un padre tiene un tipo diferente de conducta, y estas conductas corresponden a las inclinaciones naturales de su género.

5. Carácter

Asimismo vosotras, mujeres, estad sujetas a vuestros maridos; para que también los que no creen a la palabra, sean ganados sin palabra por la conducta de sus esposas, considerando vuestra conducta casta y respetuosa. Vuestro atavío no sea el externo de peinados ostentosos, de adornos de oro o de vestidos lujosos, sino el interno, el del corazón, en el incorruptible ornato de un espíritu afable y apacible, que es de grande estima delante de Dios. Porque así también se ataviaban en otro tiempo aquellas santas mujeres que esperaban en Dios, estando sujetas a sus maridos; como Sara obedecía a Abraham, llamándole señor; de la cual vosotras habéis venido a ser hijas, si hacéis el bien, sin temer ninguna amenaza. Vosotros, maridos, igualmente, vivid con ellas sabiamente, dando honor a la mujer como a vaso más frágil, y como a coherederas de la gracia de la vida, para que vuestras oraciones no tengan estorbo (1 Pedro 3:1-7).

Pedro ordena a las mujeres que sean respetuosas, puras y afables. Exhorta a los hombres a dar honor a la mujer, a ser comprensivos y ejercer un liderazgo protector. Con base en este pasaje, podemos concluir que la principal característica de una mujer es la belleza verdadera y la principal característica de un hombre es la fortaleza verdadera. La palabra *principal* es importante. No sugiero que la fortaleza verdadera y que la belleza verdadera sean las únicas características de hombres y mujeres, pero sí que, por regla general, los distinguen. Por ejemplo, cuando vemos una corona de ciertas características, pensamos: "Es perfecta para un rey" o "Es perfecta para una reina". Una corona descansa sobre la cabeza como señal de esplendor real y marca la distinción entre un rey y una reina.

Estas dos categorías de belleza femenina y fortaleza masculina se repiten a lo largo de las Escrituras. El pasaje de 1 Pedro se concentra en instruir a las mujeres a que procuren adornarse como conviene. Pablo imparte instrucciones similares para las mujeres en 1 Timoteo 2:9-10:

> Asimismo que las mujeres se atavíen de ropa decorosa, con pudor y modestia; no con peinado ostentoso, ni oro, ni perlas, ni vestidos costosos, sino con buenas obras, como corresponde a mujeres que profesan piedad.

El mensaje en ambos pasajes es el mismo: exhorta a las mujeres a buscar la belleza interior más que la belleza exterior.

En cuanto a los hombres, 1 Pedro 3 los exhorta a expresar la clase de fortaleza correcta hacia sus esposas, no para atemorizar ni dominar, sino para honrar y comprender. Los hombres fueron hechos para ser fuertes y, por lo general, poseen músculos más grandes y mayor estatura que las mujeres. Por eso la Biblia asocia fortaleza con hombría. "Velad, estad firmes en la fe; portaos varonilmente, y esforzaos. Todas vuestras cosas sean hechas con amor" (1 Corintios 16:13-14). A manera de aclaración, este mandamiento es para toda la iglesia, de modo que hombres *y* mujeres están llamados a ser varoniles. Sin embargo, también revela que Pablo relaciona aquí fortaleza y fuerza con masculinidad. La palabra *andrízomai* ("portaos varonilmente") se empleaba en el mundo antiguo como un llamado a tener valor frente al peligro.[3] Es la misma perspectiva que expresó David a Salomón antes de morir cuando le dijo: "esfuérzate, y sé hombre" (1 Reyes 2:2).

¿Qué podemos aprender del énfasis de las Escrituras en la belleza femenina y la fortaleza masculina?

Aunque no es cierto a nivel universal, se considera por regla general que la mayoría de las mujeres prestan cierta atención al cuidado de la belleza exterior, desde el uso del maquillaje y el peinado hasta la manera en que se visten. Esta atención a la belleza refleja algo acerca del orden creado. Las mujeres tienen una conexión con la belleza. La Biblia apela a ese impulso femenino natural y advierte a las mujeres que no se conformen con cualquier belleza por debajo de la belleza interior de la semejanza de Cristo. Las mujeres están hechas para este tipo de belleza y esa es su característica distintiva.

De modo similar, los hombres son, por lo general, más fuertes físicamente, se interesan más en los deportes, prefieren las películas de guerra y se inclinan a actividades que incluyen competencia y riesgo. Las horas que pasan frente al televisor viendo a deportistas profesionales correr, saltar, golpear, lanzar y atajar pueden revelarnos algo. Tenemos una conexión particular con la fuerza, y estamos programados para sentirnos confiados frente al riesgo.[4] Una fortaleza compasiva y dispuesta a sacrificarse y tomar riesgos es la característica distintiva de los hombres.

¿Qué decir a nuestros hijos e hijas cuando preguntan: "Papi y mami, ¿qué significa ser un hombre o una mujer?"? Diles que están hechos a imagen de Dios y para estar unidos a Cristo. Y luego di

---

3. Gordon Fee, *The First Epistle to the Corinthians*, New International Commentary on the New Testament (Grand Rapids, MI: Eerdmans, 1987), 828.

4. "Confianza ante el riesgo" es la definición de masculinidad de Mansfield en *Manliness*, 23.

a tus hijas que deben procurar ser hermosas de la manera como Dios quiere que sean hermosas. Y di a tus hijos que procuren ser fuertes de todas las maneras como Dios quiere que sean fuertes. Sí, los vientos culturales soplan con fuerza y dureza contra la iglesia en estos temas. No obstante, las buenas noticias es que detrás de nosotros hay un río inmenso de diseño divino que es patente en cada ser humano. En última instancia, el ingenio humano no puede reprogramar o rediseñar el orden creado por Dios. La masculinidad y la femineidad se reafirman por sí solas. La cuestión es si vamos a gozar o no de bienestar y salud. Dios nos hizo hombres y mujeres para actuar como hombres y mujeres. Cuanto más veamos en la naturaleza (en parte) y en la Palabra de Dios (principalmente) lo que significa ser hombres y mujeres, mejores serán nuestros matrimonios, nuestros hijos, nuestras iglesias y nuestra sociedad.

10

Seguir a Cristo como
hombres y mujeres

A FIN DE QUE LA VISIÓN DE complementariedad sexual expuesta en
este libro tenga algún poder de persuasión en los años venideros,
ha de poseer ciertas características. Debe ser una visión amable,
cautivadora y cálida. Debe basarse en las Escrituras y ser sensible
a las personas. Debe ser firme, pero nunca triunfalista. Debe ser
convincente, no simplemente tradicional. Debe estar en sintonía
con las tendencias culturales y, a la vez, no dispuesta a ceder a las
exigencias de la cultura.

Recuerdo que hace unos años escuché a un pastor describir su
posición frente a la homosexualidad como conservadora en términos teológicos y progresista en términos sociales. Por la manera en
que hablaba podía ver que todo en él se inclinaba a los vientos de
la cultura. Solo un hilo delgado lo vinculaba a la ortodoxia. Así
que no me sorprendió que, pocos años después, él anunciara que
había cambiado de opinión acerca de la homosexualidad y que
ya no veía nada malo en las relaciones sexuales con personas del
mismo sexo. Por otro lado, debemos velar porque nuestras creencias
acerca de los hombres y las mujeres sean profundas, maduras, bien
fundamentadas, bíblicas y aceptar el hecho de que otros pueden

malentendernos e incluso maltratarnos por nuestras convicciones. Ser fieles no significa volver a alguna era dorada en un momento cultural particular; tampoco significa hacerse todos los enemigos posibles en este momento cultural, pero sí significa que, en aras de lo bueno, lo verdadero y lo hermoso, no vamos a retroceder ni a huir de la oposición cuando resulte imposible evitarla.

En una era de profunda confusión acerca del género, donde la conexión entre el sexo biológico y el género se rechaza de manera sistemática, los cristianos están llamados a reafirmar que nuestra naturaleza humana compartida encuentra diferentes expresiones en la masculinidad y en la femineidad. Como lo expresa Herman Bavinck: "La naturaleza humana dada al hombre y a la mujer es la misma, pero en cada uno existe de un modo único. Y esta distinción funciona en la totalidad de la vida y en toda labor posible".[1]

No somos nominalistas filosóficos que niegan lo universal y solo creen en la realidad particular. No solo hay hombres y mujeres, sino que también existe lo masculino y lo femenino. Dios no creó seres humanos andróginos y no nos redime para que nos convirtamos en cristianos andróginos. Dios nos hizo varón y mujer, y Él nos santifica por medio del Espíritu para que podamos seguir a Cristo *como* hombres y seguir a Cristo *como* mujeres.

La tradición reformada siempre ha insistido en que la gracia no

---

1. Herman Bavinck, *The Christian Family*, trad. Nelson D. Kloosterman (Grand Rapids, MI: Christian's Library Press, 2012), 68. A medida que transcurría el siglo XX, y especialmente ante la Primera Guerra Mundial, Bavinck cambió algunas de sus ideas acerca de la participación de las mujeres en la sociedad contemporánea. Bavinck y Abraham Kuyper tuvieron fuertes desacuerdos cada vez más cuando Bavinck decidió respaldar la idea del acceso de las mujeres a la educación universitaria y su entrada en la fuerza laboral profesional. Sin embargo, Bavinck siguió afirmando las realidades de las diferencias de género y se mantuvo firme en su oposición a la ordenación femenina. Los principios básicos que Bavinck esclareció en *The Christian Family* (publicado originalmente en holandés en 1908) perduraron a lo largo de su vida como convicciones importantes e incluso llegaron a adaptarse a los cambios sociales. Véase James Eglinton, *Bavinck: A Critical Biography* (Grand Rapids, MI: Baker Academic, 2020), 236-238, 278-280, 284.

erradica ni eleva la naturaleza, sino que la restaura. Dios se ocupa de restaurarnos a lo que alguna vez fue declarado "bueno en gran manera". Eso significa que, aunque ser hombre o ser mujer no tiene ningún peso en lo que atañe a la justificación en Cristo, el hecho de que fuimos creados con un sexo específico determina por completo la manera como vivimos como cristianos justificados. No debemos malinterpretar ni despreciar nuestra diferencia sexual que Dios ha dispuesto. Dios es, como dice Bavinck, "el soberano Diseñador del sexo; hombre y mujer han de agradecer a Dios no solo su naturaleza humana, sino también su sexo y su naturaleza diferentes".[2] Una de las preocupaciones de este libro es levantar una nueva generación de cristianos alegres y resueltos que celebren la visión de la masculinidad y de la femineidad que además de *bíblica* sea también, en un sentido profundo, *natural*.

La naturaleza de las cosas

Insisto en este punto porque temo que las "reglas" de la corriente de la complementariedad (el liderazgo masculino en el hogar y en la iglesia) se construyen a veces como estructuras divinas sin un reconocimiento profundo de la teología natural y la diferencia sexual. Permíteme hacer una sencilla analogía. Supongamos que tienes dos pelotas de baloncesto idénticas, una reservada para uso al aire libre y una de uso exclusivo en cancha cubierta. Las "reglas" de la complementariedad no son como el etiquetado arbitrario de dos pelotas de baloncesto. Ambas funcionan de la misma manera y pueden, en esencia, hacer lo mismo, excepto que Dios ha decretado que las dos pelotas de baloncesto cumplan funciones diferentes. Aunque esta sería una concepción caprichosa de la complementariedad sostenida por una admirable sumisión a las Escrituras, a la larga carece de coherencia o de razones de peso para la existencia de "reglas" diferentes.

---

2. Bavinck, *The Christian Family*, 5.

Por otro lado, supongamos que tienes una pelota de baloncesto y una pelota de fútbol americano. Son objetos similares que se emplean con fines similares. Podrías incluso tratar de usar las dos pelotas de manera intercambiable. Sin embargo, intentarlo resultaría extraño y, a la larga, cambiaría el juego si se insiste en hacer tiros libres con una pelota de fútbol o se intenta ejecutar un pase con una pelota de baloncesto. Las reglas para cada pelota no son arbitrarias. Tienen su origen en la estructura, la forma y el propósito diferentes de cada pelota. Una pelota de baloncesto no está hecha por naturaleza para ser usada en fútbol. En otras palabras, las reglas tienen su origen en la naturaleza.

Todo intento por recuperar la masculinidad y la femineidad bíblicas o todo esfuerzo como cristianos por recuperarnos de la recuperación, deben partir del reconocimiento de que la diferencia sexual no es simplemente un indicador de quién puede ocupar el cargo de anciano; es una indicación del tipo de portador de imagen que Dios quiere que seamos en cada aspecto de la vida. Por supuesto, esto no significa que estemos limitados a definiciones herméticas de masculinidad y de femineidad. Como señala Bavinck: "Ningún hombre está completo sin algunas cualidades femeninas, y ninguna mujer está completa sin algunas cualidades masculinas".[3] No obstante, el hecho es que se pueda hablar de algunas cualidades que son femeninas y algunas cualidades masculinas evidencia que la diferencia sexual es real y puede ser identificada.

La naturaleza misma enseña esta distinción. El hombre y la mujer, como señala Bavinck, difieren en estructura y fuerza físicas, en diferentes derechos y deberes, en diferentes labores antes de casarse y en el matrimonio, y en las diferentes responsabilidades relativas al hogar y al mundo.[4] Más adelante, Bavinck reconoce que es difícil describir las distinciones entre hombre y mujer de

---

3. Ibíd., 8.
4. Ibíd., 25.

manera "tajante" y "clara". Con todo, las distinciones existen y pueden ser establecidas en términos de características generales. Hay diferencias externas en tamaño y en forma, en fuerza y en tono. Hay diferentes necesidades, movimientos y capacidades para sufrir. Hay diferencias en la vida del alma en lo que concierne al pensamiento, a los sentimientos, al proceso evaluativo e imaginativo. Hay diferencias en la manera en que perciben la religión y la moral.[5] Hay diferencias en el lugar que ocupan los hombres y las mujeres en la iglesia y en el hogar. Si el esposo está llamado a ser cabeza de la familia, la esposa está llamada a ser su corazón.[6]

El diseño se refleja no solo en lo "bueno en gran manera" en Edén, sino también en lo muy malo. El pecado en el huerto fue, entre otras cosas, una inversión del orden familiar. Eva tomó el mando y Adán la siguió. Eva pecó no solo como persona, sino como mujer y esposa; Adán pecó como hombre y esposo. No asombra que Adán haya sido castigado en su llamado masculino de cultivar la tierra y que Eva haya sido castigada en su llamado femenino de cultivar la vida en el vientre. El llamado de Dios y los castigos de Dios no son independientes de la diferencia sexual.[7]

> Hay algo en la relación matrimonial que revela a todos la clase de personas que hombres y mujeres fueron llamados a ser desde la creación.

Los hombres y las mujeres son propensos a diferentes pecados y defectos. Por ello, el matrimonio no solo es un arreglo complementario, sino correctivo. El hombre y la mujer son interdependientes, pero no intercambiables. El matrimonio es el buen regalo de Dios porque "se basa en la naturaleza de ambos".[8] Cuando el hombre ejerce autoridad en el hogar, no lo hace simplemente como

5. Ibíd., 67-69.
6. Ibíd., 95.
7. Ibíd., 10.
8. Ibíd., 70.

cumplimiento de un papel, sino como la expresión de lo que significa ser hombre. Lo mismo es cierto cuando la mujer apoya a su marido y cuida de sus hijos haciéndolo como mujer.

Además, los patrones y mandatos bíblicos para el esposo y la esposa no carecen de relevancia en nuestra visión general de hombres y mujeres. Debemos considerar el matrimonio no como el único lugar donde se expresa el diseño de Génesis, sino como el lugar donde el diseño de Dios se expresa con mayor claridad. Como concluye Harvey Mansfield en su libro secular acerca de la masculinidad: "Los individuos en nuestra sociedad deberían vivir como si o, al menos en cierta medida, como si estuvieran casados; los hombres siendo protectores y ejerciendo autoridad como si fueran esposos, y las mujeres nutriendo y siendo ayuda esencial como si fueran esposas".[9] Él aduce que la estructura del matrimonio delinea todos los demás aspectos de la vida, porque el matrimonio es la institución que integra y revela las inclinaciones naturales de los dos sexos.[10] O, si preferimos una autoridad más teológica, podemos citar a Calvino, cuyo comentario de 1 Corintios 11:4-10 afirma que las instrucciones de Pablo no se limitan al matrimonio, sino que reflejan "el orden que Dios ha establecido en el mundo".[11] Solo para aclarar, los hombres y las mujeres no deben relacionarse con cada hombre o cada mujer como esposo y esposa. Aun así, hay algo en la relación matrimonial que revela a todos la clase de personas que hombres y mujeres fueron llamados a ser desde la creación.

El camino de la sabiduría y de la gracia

Pueden existir muchas conclusiones diferentes acerca de la aplicación de la masculinidad y la femineidad bíblicas en la vida práctica.

---

9. Harvey C. Mansfield, *Manliness* (New Haven, CT: Yale University Press, 2006), 242.

10. Ibíd., 243.

11. John Calvin, *Men, Women, and Order in the Church: Three Sermons by John Calvin*, trad. Seth Skolnitsky (Dallas: Presbyterian Heritage, 1992), 27.

Debemos conocer nuestra iglesia, nuestro contexto y nuestra familia, y hacer nuestro mejor esfuerzo por aplicar lo que vemos en la Biblia. Sin embargo, una cosa es terminar con diferentes aplicaciones a partir de una variación, y otra no empezar desde el mismo punto de partida. Me refiero a una teología que esclarezca y no elimine el hecho central de que Dios nos hizo hombre y mujer. Es indudable que abrazar la diferenciación y la complementariedad sexuales puede requerir un costo personal, vocacional y cultural, pero no olvidemos que la ley del Señor es perfecta, el testimonio del Señor es fiel, los mandamientos del Señor son rectos y el precepto del Señor es puro (Salmo 19:7-8).

La masculinidad y la femineidad no pueden reducirse a autoridad y sujeción, o a liderazgo y cuidado. Sin embargo, estos aspectos son expresiones fundamentales de lo que significa ser un hombre y una mujer, las cuales se basan no en los nombres que asignamos a las personas, sino en la naturaleza misma. Aunque la expresión de esa naturaleza no sea idéntica en la iglesia y fuera de ella, en personas casadas y solteras, en jóvenes y viejos, lo más importante es que debe verse de algún modo y debe ser visible.

Busquemos promover con nuestra vida y con nuestros labios todo lo que es bueno, verdadero y hermoso al crearnos Dios hombres y mujeres.

La diferencia sexual es el camino de la sabiduría y la gracia de Dios. Estuvo presente en el huerto, en la vida del Israel antiguo, en los Evangelios, en la iglesia primitiva, estará presente en las bodas del Cordero y estuvo presente en la mente de Dios antes del principio de todo esto. Cabe aclarar que la masculinidad y la femineidad no son el mensaje del evangelio. Aun así, nunca se distancian de la historia de la redención. El hecho de que se nos confiera ser hombre o mujer también es un regalo, un regalo que ha de abrazarse, un orden natural de ajuste y de función que encarna la manera en que el mundo debería funcionar y la manera en que deberíamos seguir a Cristo en el mundo. Deleitémonos, pues, como hombres y mujeres portadores de la imagen de Dios, en este diseño. Busquemos promover con nuestra vida y con nuestros labios todo lo que es bueno, verdadero y hermoso al crearnos Dios hombres y mujeres.

Apéndice

¿Deberían las iglesias complementarias permitir que una mujer predique el sermón del domingo?

SUPONGAMOS QUE ESTÁS de acuerdo con los argumentos bíblicos y teológicos de la primera mitad del libro. Ves los mismos patrones en Génesis y en Jesús. Tu lectura de las instrucciones de Pablo es la misma. Has llegado a la misma conclusión acerca del liderazgo masculino en el hogar y en la iglesia. No apoyas la ordenación de mujeres. Crees que los ancianos y los pastores en tu iglesia deberían ser hombres. Sin embargo, todavía te preguntas si una mujer podría, de vez en cuando, predicar un sermón el domingo por la mañana. Tengo amigos que están de acuerdo con las afirmaciones en este párrafo y aun así están convencidos de que una mujer que predica un sermón, bajo la autoridad de los ancianos, no infringe las convicciones fundamentales acerca de la complementariedad. El propósito de este apéndice es explicar cómo alguien puede llegar a esta conclusión y por qué creo que la conclusión es profundamente equivocada.

El mejor argumento que he visto acerca de la predicación de las mujeres fue expuesto por el ministro y apologista australiano John Dickson en su libro *Hearing Her Voice: A Biblical Invitation for Women to Preach.*[1] Con comentarios favorables de J. I. Packer, Craig Bloomberg, Graham Cole y Chris Wright, es obvio por qué este ha sido un libro influyente. El libro de Dickson es un modelo de claridad y asequibilidad. En poco menos de cien páginas, Dickson —quien admite "ser partidario de la complementariedad en el sentido amplio" (p. 88)— presenta una defensa sensata y directa de la legitimidad de la predicación femenina de sermones en los cultos del domingo. Como es de esperarse, Dickson se concentra en 1 Timoteo 2:12. Si bien la aplicación a muchos nos parece obvia (a las mujeres no se les permite enseñar ni ejercer autoridad, de modo que no deberían predicar sermones), Dickson aduce que hemos malentendido lo que Pablo quiso decir con enseñar. Dickson escribe: "En pocas palabras, el Nuevo Testamento menciona varios ministerios de hablar en público: enseñar, exhortar, evangelizar, profetizar, leer, entre otros, y Pablo limita *solo uno de ellos* a hombres calificados: 'enseñar'" (pp. 11-12). La esencia del argumento de Dickson es un simple silogismo que podríamos resumir de la siguiente forma: lo único que las mujeres no pueden hacer en la adoración es enseñar. Para Pablo, la enseñanza era una entidad pensada de forma restringida que no equivale a nuestro sermón moderno. Por tanto, las mujeres pueden hablar de casi cualquier manera en un culto de iglesia, incluso predicar el sermón.

Si, pues, predicar un sermón no cuenta como enseñanza, ¿a qué se refería Pablo con enseñar? Dickson explica:

El pasaje de 1 Timoteo 2:12 no se refiere a una forma general de hablar basada en las Escrituras. Antes bien, se refiere a una actividad específica que se encuentra a todo

1. John Dickson, *Hearing Her Voice: A Biblical Invitation for Women to Preach* (Grand Rapids, MI: Zondervan, 2014). En las referencias al libro a lo largo de este capítulo citaré los números de la página entre paréntesis en lugar de añadir decenas de notas al pie.

lo largo del Nuevo Testamento, a saber, *la preservación y la exposición de la tradición transmitida por los apóstoles*. Esta actividad difiere de la explicación y la aplicación de un pasaje bíblico que encontramos hoy en el sermón expositivo típico (p. 12).

Dickson respalda el argumento para esta conclusión preliminar en cuatro partes.

Parte 1. Hay varias formas de hablar que menciona la Biblia: profetizar, evangelizar, leer, exhortar, enseñar, y demás. Sabemos a partir de pasajes como 1 Corintios 12:28, 1 Corintios 14, Romanos 12:4-8 y 1 Timoteo 4:13 que Pablo no se refirió a estos ministerios como idénticos. Solo uno de estos tipos de ministerio de la palabra, la actividad de enseñar, está restringida a los hombres (p. 27).

Parte 2. En el mundo antiguo y específicamente para Pablo, enseñar (*didásko*) era un término técnico que se empleaba para referirse a la transmisión de una tradición oral establecida (pp. 34, 45). Enseñar no se refiere a exponer o explicar, sino a transmitir palabras exactas (p. 33). Con el cierre del canon bíblico ya no existe la misma necesidad de usar el término enseñar en este sentido técnico.

Parte 3. En el Nuevo Testamento, enseñar nunca significa explicar o aplicar un pasaje bíblico (pp. 50, 54). Un maestro es alguien que transmitía cuidadosamente la tradición fija o el cuerpo de palabras apostólicas de su fuente original a una nueva comunidad de fe (pp. 57, 59, 61). Algunos sermones contemporáneos *pueden* contener elementos de esta transmisión, pero esta no es la función típica de la exposición semanal (p. 64). Es más acertado llamar exhortación a lo que consideramos un sermón (p. 65).

Parte 4. El depósito apostólico se encuentra ahora en las páginas del Nuevo Testamento. Ningún individuo tiene a su cargo preservar y transmitir las tradiciones orales establecidas acerca de Jesús

APÉNDICE

(pp. 72, 74). Nuestros predicadores pueden ser el equivalente a los maestros en la antigüedad, pero no preservamos ni transmitimos el depósito apostólico con la misma intensidad, ni de la misma manera, ni con la misma autoridad (pp. 73, 75). El típico sermón en el que un predicador comenta acerca de las enseñanzas de los apóstoles nos exhorta a seguir esa enseñanza, y luego aplica esa enseñanza. No es enseñanza como tal. El sermón moderno es, dependiendo de tu definición del término, más como profetizar o exhortar, y ambas son permitidas a las mujeres (p. 75).

Demasiado estrecha, demasiado corta

Dickson incluye referencias académicas a pie de página para respaldar sus argumentos, así como salvedades y reservas a lo largo del texto. Sin embargo, lo interesante del punto esencial de su argumento es su sencillez: enseñar no es lo que hacemos cuando predicamos un sermón. Solo la enseñanza está prohibida para las mujeres. Por consiguiente, las mujeres pueden predicar sermones en nuestras iglesias.

A mi modo de ver, la tesis de Dickson no es convincente por dos razones fundamentales. *Considero que su visión de la enseñanza en la antigüedad es demasiado estrecha, y que su visión de la predicación contemporánea es demasiado corta.*[2] Permíteme explicar esta conclusión con un vistazo a la enseñanza desde varios ángulos.

---

2. Los argumentos expuestos en este capítulo aparecieron primero como una publicación de blog en agosto de 2019. Poco después de haber publicado mi artículo, John Dickson respondió con una extensa refutación (http://www.johndickson.org/blog/shouldwomenpreach). Está fuera del alcance de este libro (y quizá fuera del interés del lector) una exposición punto por punto de su respuesta. Como cabe esperar, mi publicación no alteró su opinión y su respuesta no cambió la mía. La idea central de su respuesta es que yo convertí en argucia su concepto de enseñanza, pasando por alto su insistencia en que las Escrituras *sí* juegan un papel clave en la idea paulina de la enseñanza, pero que la exposición no es la característica distintiva de esa enseñanza. Al final de este capítulo (como hice también al final de mi publicación original en el blog) incluyo varias citas de Dickson donde él matiza su idea de enseñanza

La enseñanza en la iglesia primitiva

La fuerza del planteamiento de Dickson es que él señala debidamente los diferentes discursos en el Nuevo Testamento. Es cierto que la enseñanza, la exhortación, la profecía y la lectura no son idénticos. Sin embargo, su definición excesivamente técnica de "enseñanza" no se ajusta a la evidencia o, en algunos casos, ni siquiera concuerda con el sentido común. Si el significado de "no permito a las mujeres enseñar" puede ser "sí permito a una mujer predicar porque predicar no supone enseñar", es preciso utilizar definiciones muy restringidas de la predicación y la enseñanza.

Para ser más específicos, tenemos que preguntarnos por qué esta lectura tan matizada ha estado ausente en casi todos los comentaristas a lo largo de dos milenios. En una reveladora nota en la última página del libro, Dickson reconoce:

> No tengo duda de que, con el tiempo, la palabra "enseñar" llegó a significar en la iglesia primitiva la explicación y la aplicación de las palabras escritas del Nuevo Testamento (y la Biblia entera). Aunque esa sería una interesante línea de investigación, dudo que anule la evidencia de 1 Timoteo 2:12, según la cual Pablo tenía un significado diferente para este importante término (p. 104).

Esta es una confesión reveladora. Con todo, motiva la pregunta: "Si la enseñanza en el mundo antiguo tenía claramente un significado limitado a repetir tradiciones orales, ¿por qué pareciera que nadie retoma esta definición exclusivamente técnica?". Por supuesto, la

---

exactamente como lo reiteró en su respuesta. No pienso que haya entendido mal su aproximación. Más concretamente, pienso que mi crítica es válida. Si la enseñanza en el Nuevo Testamento no se "constituye" ni "define" por la exposición (aunque según el planteamiento matizado de Dickson pudo incluir alguna reflexión, explicación y aplicación bíblica), ¿cómo se les permite a las mujeres predicar dado que Pablo prohibió a las mujeres enseñar y los sermones incluyen todos estos elementos?

Biblia es nuestra autoridad final, pero cuando un argumento descansa casi por completo en el contexto del primer siglo, se esperaría que los primeros siglos de la iglesia reforzaran el argumento, no que lo debilitaran.

Tomemos la *Didajé*, por ejemplo.[3] Este documento de finales del primer siglo tiene mucho que decir acerca de los maestros. Se suponía que estos debían "enseñar todas estas cosas que se han mencionado" [en los primeros diez capítulos del libro] (11:1). Debían enseñar lo que concordaba con el orden eclesial establecido en la *Didajé* (11:2). Un aspecto importante es que la *Didajé* da por hecho la existencia de los maestros, apóstoles y profetas itinerantes, y que todos ellos enseñan (*didaskon*) (11:10-11). Nos dice que "enseñar" es un término amplio que puede incluir lo que hacen profetas y otros portavoces, por no mencionar la *Didajé* misma.

Si bien "enseñar" puede ciertamente incluir la transmisión de tradiciones orales acerca de Jesús, no puede restringirse a ello únicamente. Como explica Hughes Oliphant Old: "La *Didajé* supone un cuerpo amplio y numeroso de profetas, maestros, obispos y diáconos consagrados a tiempo completo a predicar y enseñar".[4] Con maestros a tiempo completo y "una asamblea de santos reunida diariamente a quienes se les predica la Palabra"[5] es difícil imaginar que todos estos ministros involucrados en la "enseñanza" evitaran categóricamente la explicación de todos los textos bíblicos.

Por supuesto, los verdaderos maestros *estaban* transmitiendo el depósito apostólico, pero eso no significa que se limitaran a repetir los dichos de Jesús. La *Didajé* manda a los padres enseñar

3. Michael W. Holmes, *The Apostolic Fathers: Greek Texts and English Translations*, 3a ed. (Grand Rapids, MI: Baker Academic, 2007).

4. Hughes Oliphant Old, *The Reading and Preaching of the Scriptures in the Worship of the Christian Church*, vol. 1, *The Biblical Period* (Grand Rapids, MI: Eerdmans, 1998), 256.

5. Ibíd.

(*didaxeis*) el temor del Señor a sus hijos (4:9). Al parecer, su(s) autor(es) no considera(n) que la enseñanza se limite a una definición excesivamente técnica. Tampoco que la predicación sea poco más que un comentario consecutivo con una aplicación. "Hijo mío, ten presente noche y día a quien te predica la Palabra de Dios y hónralo como si fuera el Señor. Porque dondequiera que se predique la naturaleza del Señor, allí está Él" (4:1). Según la *Didajé*, la enseñanza abarca más que la transmisión de tradiciones orales, y la predicación comprende más que unas pocas palabras de exhortación.

La enseñanza en la sinagoga

Uno de los puntos clave del argumento de Dickson es que la concepción paulina de la enseñanza se basa en la práctica de los fariseos, quienes transmitieron las tradiciones orales de sus padres (Marcos 7:7). Así como los fariseos podrían repetir los dichos de Hillel, el maestro del Nuevo Testamento podría repetir los dichos de Jesús. Según Dickson, el paralelo más cercano a la "enseñanza" del Nuevo Testamento es la transmisión de las tradiciones rabínicas que encontramos repetidas y compiladas en la *Mishná* (p. 39).

Esta es una importante línea de razonamiento para Dickson, la cual se repite varias veces (pp. 39, 73, 100-102). El argumento es doblemente problemático.

En primer lugar, si bien la *Mishná* recopila los dichos de rabinos del primer y segundo siglo, estos rabinos consideraban que explicaban y aplicaban la Torá. En otras palabras, aun si la *Mishná* es nuestro ejemplo de "enseñanza", no existe una línea clara de demarcación entre la "tradición oral" y los "textos explicativos".

En segundo lugar, el culto de la sinagoga judía ofrece un mejor paralelo de la adoración cristiana en sus comienzos que la *Mishná*. Después de todo, en 1 Timoteo 2, Pablo habla de la adoración corporativa. Durante los siglos anteriores a la era cristiana, los judíos había cultivado el arte de la predicación y le habían asignado un lugar privilegiado en la adoración en la sinagoga. De acuerdo con Old, "existía una base considerable de hombres consagrados de por vida al estudio de las Escrituras, que estaban preparados para predicar cuando el liderazgo de la sinagoga los invitaba a hacerlo".[6] Tiene más sentido pensar que Pablo tuviera en mente la bien desarrollada tradición de la exposición a cargo de los hombres en el culto de adoración judío cuando prohíbe a las mujeres enseñar en 1 Timoteo 2:12, en lugar de la simple repetición de tradiciones orales.

La enseñanza en el Antiguo Testamento

Una razón más es que este ministerio de enseñanza en la sinagoga tenía sus raíces en el Antiguo Testamento. Moisés enseñó al pueblo los estatutos y los decretos de Dios. Sí, lo hizo mediante repetición, pero también los explicó y los aplicó (Deuteronomio 4:1-14). La palabra "enseñado" en el versículo 5 es *didásko* en la Septuaginta (LXX), la traducción griega de las Escrituras hebreas que se usó en el primer siglo. Los sacerdotes, al menos algunos de ellos, eran sacerdotes que debían enseñar (2 Crónicas 15:3), que recorrían las ciudades de Judá enseñando (*edidaskon*, LXX) al pueblo el libro de la ley (2 Crónicas 17:9). Esdras dispuso su corazón para estudiar la ley del Señor y enseñar (*didaskein*, LXX) sus estatutos y decretos (Esdras 7:10). Asimismo, Esdras y los levitas leyeron la ley de Dios y enseñaron (*edidaskein*, LXX) al pueblo, a fin de que pudieran entender la lectura (Nehemías 8:8).

Las prácticas descritas en Esdras y Nehemías indican a todas luces que ya estaban bien establecidas. Encontramos los textos, los maestros y una congregación. Tenemos en miniatura los elementos más esenciales del culto judío en la sinagoga y el culto cristiano que

---

6. Ibíd., 102.

emplearía la liturgia de la sinagoga como su punto de partida. Es difícil imaginar que Pablo quisiera comunicar, mucho menos dar a entender a su público, que al hablar de "enseñanza" no tuviera en mente en absoluto la tradición judía del Antiguo Testamento sino solo la transmisión oral de dichos de los fariseos. En cada ejemplo citado del Antiguo Testamento, el maestro explica un texto escrito, lo cual no significa que *didásko* deba incluir exposición, sino que el peso de la prueba descansa en quienes afirman que definitivamente no significa eso.

La enseñanza en el Nuevo Testamento

Estoy de acuerdo con Dickson en que la prohibición que las mujeres enseñen en 1 Timoteo 2:12 no debería tomarse en el sentido más amplio. Pablo no quiere prohibir por completo a las mujeres transmitir conocimiento a otros. Él habla de la formalidad en la adoración, no del tipo de enseñanza de mujer a mujer que refiere Tito 2, y la de Priscila y Aquila a Apolos en Hechos 18. Sin embargo, solo porque rechazamos la definición más amplia de enseñanza no significa que la única opción sea la definición más estrecha. Dickson nos llevaría a igualar la "enseñanza" a la transmisión de la tradición oral. Aunque esa fue, sin duda, parte de la enseñanza en la era apostólica, muchos lugares en el Nuevo Testamento que hablan sobre la tradición apostólica nunca mencionan *didásko* (1 Corintios 2:2; 3:10; 11:2, 23-26; 15:1-11; Gálatas 1:6-9; 1 Tesalonicenses 4:1-2). El lenguaje denota más bien recibir, entregar o transmitir.

Un aspecto significativo es que el Sermón del monte se ha catalogado como "enseñanza" (Mateo 7:28-29). Según Dickson, el Sermón del monte es "enseñanza" porque Jesús está corrigiendo la tradición de los escribas y transmitiendo sus propias tradiciones con autoridad. Lo que Jesús no hace allí es exponer un texto (p. 54). Por supuesto, Dickson tiene razón en lo que Jesús *hace* en el sermón. Sin embargo, se equivoca en lo que afirma sobre lo que Jesús *no* hace. El Sermón del monte está lleno de alusiones, paralelos y explicaciones. No hace falta conjeturar que Jesús pronunciara un sermón moderno. El punto no es que "enseñanza" signifique "exposición" en cada vez que aparece en el Nuevo Testamento, sino que las dos ideas no pueden separarse claramente.

En el primer siglo, el concepto judío de enseñanza no debe separarse de la interpretación cuidadosa de los textos inspirados. Jesús fue reconocido por muchos como "rabí", un título informal que significa "maestro". Como maestro, Jesús citó y explicó muchas veces pasajes del Antiguo Testamento. De hecho, Old aduce que la enseñanza de Jesús en el templo, al final de su ministerio, tenía como fin mostrar a Jesús como el cumplimiento del oficio rabínico. En Mateo 21–23 vemos las diferentes escuelas de la época; herodianos, fariseos y saduceos vienen a Jesús a presentar sus preguntas acerca de la ley, y Jesús las responde todas.[7] Al resolver sus interrogantes y eludir sus trampas, Jesús demostró ser el maestro por excelencia, el rabí supremo. Y en esta demostración explicó e interpretó sin cesar las Escrituras. La comprensión judía del primer siglo acerca de la enseñanza no debe separarse de la interpretación cuidadosa de los textos inspirados, y tampoco puede restringirse a "la transmisión de tradiciones orales".

La enseñanza en las epístolas pastorales

¿Qué sucedería si —a pesar del trasfondo del Antiguo Testamento y la sinagoga, del uso de la "enseñanza" en el sermón del Monte y de la comprensión más amplia del maestro en la iglesia primitiva— Pablo hubiera elegido usar una definición muy estrecha de la enseñanza en las epístolas pastorales? Después de indagar todos los usos de "enseñar" en las epístolas pastorales, Dickson

7. Ibíd., 106.

concluye que "enseñar", como verbo y sustantivo, se refiere no a la exposición bíblica sino a las palabras apostólicas dictadas para las iglesias (p. 59). Dicho de manera sencilla, "enseñar" no significa hacer una exégesis y aplicación, sino repetir y dictar (pp. 64-65). La "enseñanza" paulina *nunca* (término usado por Dickson y énfasis mío) fue una exposición en el sentido contemporáneo (p. 74). Según Dickson, sea cual sea el significado de la enseñanza en otros lugares, para Pablo solo significaba comunicar la tradición oral.

Dickson ciertamente tiene razón en afirmar que "enseñar" en las epístolas pastorales consiste en la transmisión del buen depósito de verdad apostólica acerca de Jesús. Por ejemplo, el académico conservador William Mounce no tiene problema en afirmar que 1 Timoteo 2:12 tiene que ver con la "transmisión autorizada y pública de la tradición acerca de Cristo y de las Escrituras" o que supone "la preservación y la transmisión de la tradición cristiana".[8] Sin embargo, observa que Mounce no reduce la tradición cristiana a dichos orales únicamente, excluyendo la explicación bíblica. Asimismo, el *Theological Dictionary of the New Testament (TDNT)* sostiene que *didaskein* "está estrechamente relacionado con las Escrituras, incluso en el Nuevo Testamento".[9] Más adelante, el *TDNT* afirma que, aun en las epístolas pastorales, "la conexión histórica entre la Escritura y *didaskein* sigue intacta".[10]

Con seguridad, esto es cierto. ¿Debemos pensar realmente que, cuando Pablo insistió que los ancianos fueran capaces de enseñar, esto no se refería al manejo de las Escrituras o a usar bien la palabra de verdad (2 Timoteo 2:15)? Enseñar debe ser mucho más que comunicar tradiciones orales o, de lo contrario, ¿cómo podría Pablo

8. William D. Mounce, *Pastoral Epistles, Word Biblical Commentary* (Nashville, TN: Thomas Nelson, 2000), 126.
9. *Theological Dictionary of the New Testament*, 10 vols., ed. Gerhard Kittel, trad. Gerhard Friedrich (Grand Rapids, MI: Eerdmans, 1976), 2:146.
10. Ibíd., 2:147.

decir a las ancianas que fueran "maestras (*kalodidáskalos*) del bien; que enseñen a las mujeres jóvenes"? O considera 1 Timoteo 4:13, donde Pablo manda a Timoteo que se dedique a la lectura pública de las Escrituras, a la exhortación y a la enseñanza. Claro, estas no son tareas idénticas, pero en la interpretación de Dickson era leer las Escrituras, exhortar con las Escrituras, y luego dictar el depósito apostólico sin que la exposición defina su tarea.

De igual manera, Dickson aduce que cuando Pablo afirma que toda la Escritura es útil para enseñar, se sobrentiende que Timoteo leía en privado las Escrituras con el fin de estar mejor capacitado para transmitir públicamente el buen depósito, aunque sin dar explicaciones de un pasaje bíblico (pp. 52-53). Si esto es correcto, Pablo tampoco concibió la tarea de los maestros tan relacionada con la exposición de las Escrituras para redargüir, corregir e instruir. Aunque la Biblia nos informe acerca de estas tareas, nunca supone la exposición (p. 57). Esta definición precisa de la enseñanza no es convincente. Echa un vistazo a la predicación en el libro de Hechos. Difícilmente encontramos allí la transmisión del buen depósito sin una explicación de las Escrituras. Y, en 1 Corintios 15, donde Pablo comunica *explícitamente* lo que también recibió, el mensaje no es una mera repetición de fórmulas verbales, sino la tradición apostólica de que Cristo murió por nuestros pecados *conforme a las Escrituras* y que resucitó al tercer día *conforme a las Escrituras*. No hace falta equiparar *didásko* con un sermón de tres puntos para ver que la transmisión del depósito apostólico difícilmente se puede llevar a cabo sin las referencias y la exposición bíblicas.

La enseñanza en el sermón de hoy

Si la definición de Dickson de la enseñanza antigua es demasiado estrecha, su comprensión de la predicación contemporánea es demasiado superficial. Según Dickson, el sermón es esencialmente un comentario consecutivo y una aplicación. Confieso que tengo un concepto muy diferente de lo que significa la predicación, no en el sentido de que la predicación sea menos que exposición y aplicación, sino que es mucho más. El predicador es un *kérux*, un pregonero (2 Timoteo 1:11). Por supuesto, no predicamos con la autoridad de un apóstol, pero los hombres calificados y llamados a predicar *sí* comunican el depósito apostólico y *deben* predicar con autoridad. ¿Por qué otro motivo ordenaría Pablo a Timoteo en términos tan vehementes y serios que predique la palabra, que inste, redarguya, reprenda y exhorte con toda paciencia y doctrina (2 Timoteo 4:1-2)?

Al final, creo que el planteamiento de Dickson no es solo histórica y exegéticamente poco convincente, sino inviable en la práctica, al menos para quienes están a favor de la complementariedad. Otros pueden afirmar que las mujeres prediquen por toda clase de razones diferentes. Pero los partidarios de la complementariedad que tratan de dar una justificación aduciendo que "este mensaje del domingo por la mañana consiste simplemente en compartir una experiencia, no un sermón" o que "esta mujer que predica está bajo la autoridad que otorga la sesión", se darán cuenta de que sus argumentos para impedir que las mujeres prediquen siempre y de cualquier manera quedan excesivamente arbitrarios.

Sin importar cuál sea la plataforma que ofrezca el pastor o el respaldo de los ancianos, la actividad en cuestión no puede separarse del ejercicio de autoridad y la enseñanza, las dos actividades prohibidas para las mujeres en el culto de adoración.

Varias veces, Dickson reconoce que la predicación de nuestros días puede incluir enseñanza y que los diferentes tipos de discurso en el Nuevo Testamento probablemente se superponían:

• No sugiero que estas tres formas de discurso (enseñanza, profecía y exhortación) estén estrictamente separadas o que no exista superposición considerable de contenido y de función (p. 24).

- Aunque *algunos* sermones contemporáneos incluyen algo parecido a la preservación y la transmisión en autoridad del depósito apostólico, no creo que sea la función típica de la exposición semanal (p. 64).

- No dudo que Timoteo haya añadido a estas enseñanzas apostólicas sus propios llamados, explicaciones y aplicaciones, pero estos no son los elementos constituyentes ni determinantes de la enseñanza. En ese sentido, Timoteo estaría operando más en lo que se denomina, como conviene, "exhortación" (p. 65).

- No establezco una marcada distinción entre la enseñanza y la exhortación, pero quiero señalar que, si bien la enseñanza se trata principalmente de dictar algo en una forma fija, exhortar es principalmente instar a las personas a obedecer y aplicar la verdad de Dios (p. 65).

- Sin duda existía una medida de enseñanza que pasaba a exhortar y profetizar, del mismo modo que había exhortación (y tal vez profecía) junto con la enseñanza (pp. 66-67).

- Creo también que todo sermón aceptable incluye cierta medida de transmisión del depósito apostólico, ya sea grande o pequeña (p. 79).

Con toda esta mezcla de elementos de la predicación, ¿cómo podría Pablo esperar que Timoteo resolviera esta maraña y supiera lo que supuestamente debía prohibir a las mujeres? De igual modo, ¿cómo hemos de discernir cuándo un sermón es solo exhortación sin autoridad y cuándo se convierte en transmisión con autoridad del depósito apostólico? Quizás convendría ver la "enseñanza" como algo aproximado a lo que hace el predicador el domingo en lugar de utilizar un término extremadamente técnico que carece de sentido a la luz de la realidad de la iglesia primitiva y la sinagoga judía, del ejemplo de Jesús o de las instrucciones de Pablo. En conclusión, sin importar cuál sea la plataforma que ofrezca el pastor o el respaldo de los ancianos, la actividad en cuestión no puede separarse del ejercicio de autoridad y la enseñanza, las dos actividades prohibidas para las mujeres en el culto de adoración.

Índice general

Índice de textos bíblicos

SÚPER
OCUPADOS

UN LIBRO (MISERICORDIOSAMENTE) PEQUEÑO SOBRE UN PROBLEMA (SUMAMENTE) GRANDE

KEVIN DEYOUNG

Una simple mirada a nuestros ocupados horarios nos muestra lo duro que puede ser encontrar un equilibrio bien razonado entre no hacer nada y hacerlo todo.

El autor y pastor Kevin DeYoung trata de frente el problema de la actividad excesiva en el libro *Súper ocupados*, y no con el típico arsenal de consejos sobre la administración del tiempo, sino con las herramientas bíblicas que necesitamos para descubrir la causa del problema y eliminarlo de raíz.

Este libro es muy práctico y súper corto. Te ayudará a poner fin al problema de estar demasiado ocupado.

Con su característico ingenio y claridad, Kevin DeYoung ha escrito una introducción a la Biblia que es accesible y responde preguntas importantes, planteadas por cristianos y por no cristianos.

Este libro te ayudará a comprender lo que la Biblia dice sobre sí misma, así como las características claves que contribuyen a su duradera trascendencia.

Evitando los tecnicismos, este maravilloso libro te animará a leer y creer en la Biblia, con la confianza de que verdaderamente es la Palabra de Dios.

Coalición por el Evangelio es un grupo de pastores, iglesias, y líderes comprometidos con la centralidad del evangelio para toda la vida y el ministerio. Logramos este propósito mediante diversas iniciativas, incluyendo nuestra página web, eventos, y publicaciones. Además, hemos unido esfuerzos con diferentes casas editoriales para producir recursos que enfocan nuestra fe en Jesucristo, y moldean nuestras prácticas conforme a las Escrituras.

Cuando un libro lleva el logotipo de Coalición por el Evangelio, usted puede confiar que fue escrito, editado, y publicado con el firme propósito de exaltar la verdad de Dios y el mensaje del evangelio.

TGC COALICIÓN POR EL EVANGELIO

www.coalicionporelevangelio.org

EDITORIAL PORTAVOZ

NUESTRA VISIÓN

Maximizar el efecto de recursos cristianos de calidad que transforman vidas.

NUESTRA MISIÓN

Desarrollar y distribuir productos de calidad —con integridad y excelencia—, desde una perspectiva bíblica y confiable, que animen a las personas a conocer y servir a Jesucristo.

NUESTROS VALORES

Nuestros valores se encuentran fundamentados en la Biblia, fuente de toda verdad para hoy y para siempre. Nosotros ponemos en práctica estas verdades bíblicas como fundamento para las decisiones, normas y productos de nuestra compañía.

Valoramos la excelencia y la calidad.
Valoramos la integridad y la confianza
Valoramos el mérito y la dignidad de l.os individuos
y las relaciones.
Valoramos el servicio.
Valoramos la administración de los recursos

Para más información acerca de nuestra editorial y los productos que publicamos visite nuestra página en la red: www.portavoz.com.